Dr HENRI NAPIAS

L'ASSISTANCE PUBLIQUE

DANS LE

DÉPARTEMENT DE SAMBRE-ET-LOIRE

AVEC UNE LETTRE DE

HENRI MONOD

PARIS

LECROSNIER ET BABÉ, ÉDITEURS

Place de l'Ecole-de-Médecine

1890

L'ASSISTANCE PUBLIQUE

DÉPARTEMENT DE SAMBRE-ET-LOIRE

Dʳ HENRI NAPIAS

L'ASSISTANCE PUBLIQUE

DANS LE

DÉPARTEMENT DE SAMBRE-ET-LOIRE

AVEC UNE LETTRE DE

HENRI MONOD

PARIS

LECROSNIER ET BABÉ, ÉDITEURS

Place de l'Ecole-de-Médecine

1890

A M. le Docteur Henri Napias

Mon cher ami,

Vous me demandez de nouveau mon opinion sur votre livre. Je vous répète qu'il est charmant. Après l'avoir savouré à petites gorgées dans la *France médicale*, je viens de le relire d'un trait, et mon impression reste celle que je vous ai dite. Les questions d'assistance, qui paraissent, sinon moroses, du moins austères, vous les traitez avec cette bonne humeur, cette verve, cet esprit si français que je ne cesse d'admirer en vous, et qui ne sont d'ailleurs que l'enveloppe et la parure d'une science solide, d'un jugement sûr, d'un sens pratique jamais en défaut. Que je voudrais le mettre, ce petit livre, entre les mains de tous les membres de nos Commissions administratives! Rien, je pense, ne serait mieux fait pour hâter les réformes auxquelles nous avons tous deux dévoué notre vie.

Je ne puis entrer ici dans le détail des questions si multiples que vous soulevez. Il en est une pourtant dont je me laisse entraîner à vous dire quelques mots.

Au moment où je vous écris, nous sommes en période électorale. Paris, notre cher Paris, si propre, si élégant, se bariole jusqu'à la ceinture d'un affreux costume d'arlequin. Lisez-vous ces affiches omnicolores? « Les sœurs aux hopitaux ! » demande l'un. « Laïcisation ! » répond l'autre. Le troisième, prudent, ne dit rien. L'on me montrait ce matin une caricature où une sœur de charité, toute droite, son chapelet dessinant les plis rigides de sa robe noire, les mains croisées sous ses longues manches tombantes, les yeux pudiquement baissés, domine de sa haute taille et des deux pointes de sa large cornette tout un fracas électoral, où s'agitent autour de « l'assiette au beurre » des myrmidons de la politique. Est-ce donc vraiment sur cette question du personnel, congréganiste ou laïque, des hôpitaux parisiens que vont se faire nos élections municipales?

Je crois que les termes de ce problème, depuis si longtemps résolu ailleurs, ont été jusqu'ici méconnus en France par l'opinion. Une affaire qui devait rester hospitalière est malheureusement devenue politique.

Votre Dr Terrail explique très bien, aux pages 20 et suivantes de votre livre, comment les découvertes de Pasteur ont fait apparaître sous un jour imprévu l'importance du rôle des infirmières. Cet état nouveau appelle des exigences nouvelles. Il ne s'agit pas de radicalisme ou de cléricalisme, de cornette ou de bonnet. Il s'agit des malades, de leur guérison, de leur vie. Les hôpitaux sont institués, j'imagine, pour les sauver, ces malades; j'entends pour sauver leur corps. A cette œuvre de salut, il est désormais acquis que les intentions les plus charitables, le dévouement le plus absolu ne suffisent pas. Vous avez raison de dire (p. 27) qu'il serait « aussi injuste d'imposer à un hôpital le choix d'une infirmière qu'à un particulier le choix d'une garde-malade », mais à la condition d'ajouter immédiatement, comme vous le faites, que les infirmiers et infirmières doivent être « tenus de faire la preuve de la compétence nécessaire à leurs fonctions », ce que vous ne pouvez exiger de la garde-malade du particulier, par cette simple raison que du particulier vous n'avez pas la tutelle ni la surveillance, tandis que vous avez celles des hôpitaux. J'ai essayé, dans la séance d'ouverture du Congrès international d'assistance, d'établir à cet égard une assimilation entre l'assistance et l'enseignement. Je pense en effet que de ceux qui prétendent à l'honneur de soigner les malades comme de ceux qui aspirent à instruire les enfants dans des établissements ouverts au public, la société a le devoir d'exiger la démonstration de leur capacité professionnelle. Si un hôpital a le droit d'employer des sœurs, il n'a pas le droit d'employer des personnes qui ignorent ou ne pratiquent pas la méthode antiseptique. D'où nécessité pour tous, laïques ou congréganistes, d'examens et de diplômes. Ainsi la question du personnel reste exclusivement hospitalière ; le soin des malades domine, absorbe tous les autres ; les établissements hospitaliers conservent leur indépendance dans la limite où elle est compatible avec leur devoir ; et la sauvegarde de l'intérêt général se concilie avec l'exercice de la liberté.

Par quels moyens pratiques cette réforme sera-t-elle obtenue? Ce n'est pas le lieu de le rechercher. J'estime que ceux qui feront cette recherche devront examiner de très près l'organisation lyonnaise. Vous parlez (page 32) des « religieuses hospitalières de Lyon ». Il ne faudrait pas que vos lecteurs s'y méprissent. Ce sont là des religieuses d'une espèce rare, des religieuses qui ne prononcent pas de vœux, qui n'ont pas de supérieure, qui ne relèvent d'aucune congrégation, qui peuvent se marier, en un mot des religieuses qui sont des laïques. Il est vrai que, si elles se marient, elles doivent quitter le service de l'hôpital; peut-être cette obligation se défend-elle par des raisons assez fortes. C'est dans des conditions analogues, si je suis bien informé, que le service hospitalier fonctionne en Russie, et, au Congrès international d'hygiène de Vienne, l'un des représentants du gouvernement russe, M. le Comte de Suzor, nous disait que dans son pays ce système donne de bons résultats. Quoiqu'il en soit, le mode de recrutement du personnel des hôpitaux est sans doute la question la plus grave et la plus difficile de celles qui vont s'imposer à l'étude du Conseil supérieur de l'assistance publique.

Tout ce que vous dites des enfants m'a profondément touché. Ces pauvres bambins, comme on sent que vous les aimez ! Nous n'avons d'enfant ni l'un ni l'autre, mon ami ; ne nous en plaignons pas trop. Peut-être, si nous en avions, serions-nous tentés de concentrer sur leurs têtes chéries cet amour inné des petits que nous pouvons aujourd'hui répandre sur tant de malheureux.

J'avais pris la plume pour vous envoyer dix lignes de chaleureuse félicitation, et voici des pages. Je m'arrête, quoiqu'il y ait bien des choses encore dont j'aimerais à causer avec vous : l'assistance médicale dans les campagnes, nos bureaux de bienfaisance, ces richesses charitables dont notre pays est si largement doté, mais qui sont si inégalement, si peu judicieusement réparties. Tous ces sujets, vous les avez effleurés de main de maître, et avec combien de grâce et de gaieté ! Que de bien à faire ! Que de réformes ! Que de bien il a fait dans son département, votre Jacques Nemo ! Heureux préfet, qui ne trouve d'obstacles ni dans les choses ni dans les hommes ! Faisons comme lui : travaillons. Espérons aussi, pour avoir du cœur à l'ouvrage. Mais vraiment pensez-vous, mon cher ami, que vous le rencontriez jamais au cours de vos inspections ce département béni qui réunira la Sambre et la Loire, et où M. Nemo sera quelqu'un?

Merci encore, encore bravo, et bien affectueusement à vous.

Henri Monod.

Paris, le 20 avril 1890.

L'ASSISTANCE PUBLIQUE

DANS LE

DÉPARTEMENT DE SAMBRE—ET—LOIRE

><-+><-

I

Le département de Sambre-et-Loire est un des plus beaux de notre pays. La nature y est pittoresque, le sol fertile, le climat tempéré ; la moyenne thermométrique ne descend pas au-dessous de 11° centigrades ; et si les hivers sont quelquefois rudes, c'est seulement dans la partie montagneuse qui occupe un tiers de la superficie du département.

Cette superficie totale étant d'un peu plus de 600.000 hectares et la population spécifique égalant sensiblement la moyenne du reste de la France, soit 69 habitants par kilomètre carré, il se trouve qu'il y a dans le département de Sambre-et-Loire 414.000 habitants environ. D'ailleurs la densité de la population varie dans les diverses régions ; elle est moindre dans la montagne où certaines communes étendues n'ont que 200 à 300 habitants répartis entre plusieurs hameaux ; mais on y rencontre des agglomérations importantes ; le chef-lieu, Saint-Harmony, compte 100,000 habitants ; les trois sous-préfectures : Séruliac, Rouvrebosc, Beauséjour, en ont respectivement 22,000. 15,000 et 6.000 ; plusieurs chef-lieux de canton de la plaine sont très peuplés et même un bourg industriel, qui forme

comme un faubourg écarté de Saint-Harmony, accuse d'après
le dernier recensement, une population de 8.000 personnes.
On conçoit que ce sont là des chiffres approximatifs.

La constitution géologique est calcaire dans la région
élevée, sauf en un point qui offre des sommets de 7 à
800 mètres et jusqu'à 967 mètres au Pic-tout-nu où l'on voit
affleurer le granit. Cette région s'unit à la plaine par des
coteaux et des plateaux peu élevés, très verdoyants et
mouillés par les sources qu'on voit sourdre à chaque pas.
Dans la plaine, le sol est argileux ou argilo-calcaire et
d'une grande fertilité, surtout dans les parties les plus
déclives des bassins des rivières où une épaisse alluvion
couvre le sol sableux.

Les richesses minérales sont abondantes et variées. On
extrait, en diverses localités, le marbre, la pierre à bâtir,
l'ardoise, le fer et le plomb, un peu de cuivre, de la houille
en quantité rémunératrice et de bonne qualité. Il y a des
sources thermales sulfureuses à Puy-Tépide, et, dans le
bourg de Chalybe, une source ferrugineuse très fraîche et
très gazeuse

La flore y est belle. Rien n'égale, en juin, le coloris des
champs de blé qui se dorent et s'émaillent des couleurs
éclatantes des bleuets, des coquelicots, des adonis, des
pieds d'alouettes, des amaranthes, des saponaires. Il n'y a
pas ailleurs de prairies plus vertes où les boutons d'or
éclatent en points plus brillants comme des louis neufs sur
le tapis d'une table de jeu. — Les pins se dressent en
masses épaisses sur les montagnes, alternant avec les bois
de hêtres aux troncs droits, largement espacés et qui
semblent des temples immenses dont les dômes verdoyants
seraient soutenus par des colonnes de jaspe lamées d'argent et dont le sol serait fait de mosaïques étrangement
dessinées par les feuilles élégantes des fougères. Il y a, près
de Rouvrebose, une forêt de chênes de 3.000 hectares ; les
peupliers s'alignent en longues files processionnelles dans
les prés au bord des cours d'eau ; les vernes, les charmes

et les ormes forment à l'entrée des fermes des avenues
bien plantées : il n'est pas de grange ou de chaumière iso-
lée qui n'ait auprès d'elle un bouquet de gros noyers ou
quelques châtaigniers de belle venue. — Les pommiers,
les poiriers, les cerisiers, les pruniers, ornent les vergers
qu'entourent des haies vives. La vigne pousse généreuse-
ment sur les coteaux, verte au printemps, rouge à l'au-
tomne, décharnée en hiver et tordant sous la neige ses
bras noirs aux noueuses articulations.

On cultive, en Sambre-et-Loire, le blé, le seigle, le mé-
teil, l'orge et l'avoine, un peu de maïs, du sarrazin dans
les terrains pauvres de quelques communes de la montagne. La pomme de terre et la betterave y réussissent ;
tous les légumes y ont une sapidité sans pareille, de l'avis
des habitants qui, aimant avec passion leur sol, vantent
sans réserve ses produits.

Les ethnographes n'ont pas encore porté leurs études sur
les caractères de la race qui habite le département de
Sambre-et-Loire ; c'est une lacune. Ils ont découvert
que les Normands sont processifs, les Gascons vantards, les
Provençeaux enthousiastes, les Bretons têtus et les Auver-
gnats porteurs d'eau. — M. Flourens, qui était un grand
naturaliste et un ethnographe éminent, a écrit sur les races
françaises de très belles choses, en un beau style acadé-
mique et il se peut que, de son temps, ces choses ne
fussent pas seulement belles, mais qu'elles fussent vraies ;
le beau est la splendeur du vrai, a dit quelqu'un, il y a
déjà longtemps. Mais aujourd'hui les bateaux à vapeur et
les chemins de fer ont méchamment mêlé les races pour
la confusion des ethnographes et il se trouve un peu partout
des gens qui aiment les procès sans être Normands,
d'autres qui se vantent sans être Gascons ; il y a certainement dans Sambre-et-Loire des gens plus entêtés que s'ils
étaient nés aux rivages armoricains, et même des porteurs
d'eau qui n'ont jamais vu le Puy-de-Dôme.

En réalité les habitants de Sambre-et-Loire nt lcso

mêmes passions, les mêmes vertus, les mêmes erreurs qu'on voit aux autres hommes et ils sont pourvus de défauts et de qualités assez semblables aux qualités et aux défauts de tous nos compatriotes. Amoureux de la liberté, ils s'imaginent qu'ils font preuve d'indépendance en raillant l'autorité dont il ne leur déplait pas cependant de sentir la ferme protection et qu'ils méprisent seulement quand ils constatent sa faiblesse ; très épris d'égalité, ils ont conservé par atavisme un goût assez vif des titres ronflants ou des empanachements altiers, et ils ont fort à faire pour s'en déprendre ; la fraternité est encore, dans la trilogique devise républicaine, ce dont ils parlent le moins et ce qu'ils pratiquent le mieux, ayant volontiers la bourse entr'ouverte au malheur d'autrui, encore qu'ils soient très économes.

Ils admirent les choses et les institutions des pays étrangers qu'ils n'ont pas visités et ils calomnient aisément leur pays que pourtant, au fond de leur âme, ils considèrent comme le plus beau du monde ; ce qui d'ailleurs pourrait bien être vrai. Leur département leur semble aussi le plus beau de tous les départements ; ils sont fiers de ses monuments, vantent ses artistes, élèvent des statues aux hommes célèbres ou simplement distingués qui y ont vu le jour, affirment que ses productions n'ont pas d'égales ; — pourtant ils ne sont pas tout à fait exclusifs dans leurs goûts et, s'ils aiment fort le vin doré de leurs coteaux, ils font volontiers les yeux doux aux vieilles bouteilles de tous nos bons crus comme aux jolies filles de tous les pays.

Ils ne sont en somme ni Bretons, ni Lorrains, ni Normands, ni Languedociens ou Bordelais ou Basques, ni Savoyards ou Bourguignons ou Cévenols ; ils sont Français tout simplement.

Le département de Sambre-et-Loire ne différait guère, il y a quelques années, de tous les autres ; on y a fait comme ailleurs beaucoup de chemins vicinaux et plusieurs lignes ferrées ; on y a construit beaucoup d'écoles primaires qui sont peut-être un peu trop luxueuses et qui ont coûté certainement un peu cher ; l'école secondaire de médecine a été pourvue de laboratoires ; la Faculté des sciences et celle de droit ont un palais digne d'elles ; il y a un théâtre neuf à Saint Harmony comme dans tout chef-lieu qui se respecte ; un musée industriel a été fondé à Séruline ; mais ce qui distingue aujourd'hui tout particulièrement ce département c'est l'effort réel qui a été fait pour la réforme de tous les services d'assistance publique.

II

Ces essais de réforme ont commencé il y a une dizaine d'années, quand M. Jacques Nemo fut nommé préfet de Sambre-et-Loire. Aussi est-il à propos de dire d'abord quelques mots de ce personnage.

M. Nemo a fourni une carrière administrative déjà longue ; ses cheveux qui grisonnent, sa barbe qui s'argente accusent la cinquantaine ; il est grand, de belle prestance, très affable, point familier. Il a su s'imposer à l'estime publique par la tenue correcte de sa vie, par l'honnêteté de son intérieur et il s'est acquis de vives sympathies, — voire quelques chaudes amitiés, — par sa bonne humeur et son esprit où l'on rencontre souvent de la malice et jamais de méchanceté. Instruit d'ailleurs et travailleur, il a passé par l'auditorat au Conseil d'État après son doctorat en droit ; il ne croit pas pourtant que les études administratives soient exclusives des passe-temps littéraires et il considère comme une des formes du patriotisme de connaître et d'aimer nos romanciers et nos poètes, de même qu'il trouve nécessaire de suivre autant que possible, fusse d'un peu loin, les travaux de nos savants.

Quoiqu'il vive simplement et sans bruit, il a demandé qu'un factionnaire montât la garde à la grand'porte de la

préfecture ; ses huissiers portent l'habit et la cravate
blanche ; lui n'assiste aux cérémonies publiques qu'en
uniforme brodé. Il a cette idée que le représentant du gouvernement doit être entouré d'un appareil un peu solennel
et qu'il faut que l'autorité se distingue, dès l'abord, à certains signes extérieurs.

Il n'est pas bon que l'homme soit seul ; cet adage s'applique aussi aux préfets ; c'est par mesure administrative
qu'on voudrait parfois les voir marier. Une préfète a sa
tâche à remplir qui n'est pas sans importance et n'est pas
malaisée non plus ; être simple, discrète et bonne ; recevoir et rendre des visites, et, causant avec tout le monde,
n'être ni bavarde ni médisante : les femmes excellent dans
cette diplomatie mondaine. Si elles sont en même temps
instruites, élégantes et distinguées, c'est l'idéal qui est atteint.

Mme Nemo a fait de son salon un terrain neutre ou tout
le monde peut se rencontrer ; elle y a attiré presque toutes
les dames en s'occupant avec elles d'œuvres de bienfaisance. Cela n'a pas été tout seul ! Elle y a employé courageusement et patiemment deux années ; mais, une à une,
les résistances ont capitulé devant sa bonne grâce. — On
dine à la préfecture de temps en temps ; on y a joué la
comédie l'hiver dernier ; on y donne, trois ou quatre fois
l'an, à danser aux jeunes filles et aux officiers de la garnison. Quelques mariages s'y sont faits qui passent pour
assortis. La politique y trouve son compte ; beaucoup de
questions aiguës qui semblaient insolubles en entrant dans
la salle à manger ont perdu de leur acuité au dessert, ont
pu être abordées utilement au fumoir et se sont trouvées
résolues entre deux tours de whist.

A la vérité il y a encore par la ville quelques boudeurs
obstinés qui restent chez eux, dont ils enragent. Mais on ne
saurait empêcher les gens d'affirmer leurs convictions en
s'ennuyant.

III

M. Nemo s'appliqua tout d'abord à bien connaître son département, comme on sait que les préfets ont coutume de faire. Il le visita en détail et à diverses reprises, tantôt avec l'ingénieur des mines, tantôt avec celui des ponts et chaussées, tantôt avec l'inspecteur d'Académie ; s'enquérant soigneusement des productions, des mœurs, des habitudes, des préjugés, des désirs et des besoins. Il consacra enfin une série de visites aux établissements hospitaliers et aux œuvres de bienfaisance.

Les hôpitaux lui parurent en général très défectueux (1) ; la plupart étaient installés dans d'anciennes abbayes ou de vieilles constructions appropriées tant bien que mal et plutôt mal que bien ; d'autres, construits tout exprès, depuis le xviiᵉ siècle et jusque dans la première moitié de celui-ci, semblaient avoir été conçus plus pour la gloire de l'architecte que pour les convenances des malades. La façade en était belle et d'aspect monumental, mais les dispositions intérieures révélaient le plus souvent une insouciance absolue sinon une complète ignorance des règles les plus élémentaires de l'hygiène. C'était même dans les plus modernes que le cube d'air disponible pour chaque lit était le moins important. Dans les anciens hôpitaux comme celui d'Oursignot on retrouvait les dimensions énormes des vieux-couvents. Mais les plafonds à poutrelles, les cloisonnements trop nombreux, la superposition des étages, les triples ou quadruples rangées de lits, multipliaient à l'infini les surfaces infectables ; et la rareté des fenêtres, percées généralement à une grande hauteur du sol, favorisait le confinement de l'air vicié.

(1) Il n'y a pas un des faits signalés dans ce travail qui ne se retrouve avec une rigoureuse exactitude dans d'autres départements encore que celui de Sambre-et-Loire.

Presque partout, d'ailleurs, les lits étaient munis de rideaux qui emmagasinaient et gardaient les miasmes, car ces rideaux n'étaient pas renouvelés plus de deux ou trois fois par année; on avait même imaginé, à Rouvrebose, par une conception plus économique que salubre, de draper les lits de rideaux bleus rayés, d'une teinte foncée, qui passaient pour *moins salissants* parce que la saleté n'y apparaissait pas aussitôt à la vue et que l'odorat seul la décelait à la longue et ne permettait pas qu'on s'y trompât. Dans ces rideaux un varioleux succédait à un phtisique ou à un typhique, un scarlatineux suivait un diphtéritique; il y avait ainsi des cas d'infection intérieure, — et des morts que des hygiénistes un peu sévères auraient pu qualifier d'homicides par imprudence.

Il n'y avait que le service des malades militaires, à l'hôpital militarisé de Séruliac, où les lits fussent sans rideaux. Des gens qui visitaient cet hôpital plaignaient volontiers les soldats de cette absence de confortable.

Les lits étaient, pour la plupart, garnis d'une paillasse, d'un matelas et, selon la coutume du pays, d'un lit de plume ou *couette*. L'hôpital de Beauséjour avait fait l'acquisition de sommiers à lames de bois mais on avait imaginé de les mettre en service chez les vieillards, laissant les malades et les blessés sur les lits anciens.

Oursignot avait des sommiers à ressorts métalliques pour tous ses lits sauf pour ceux de la Maternité où l'on achevait d'user toutes les vieilleries de l'hôpital pour ne point endommager les sommiers neufs qui étaient recouverts de belles toiles damassées. Le médecin chargé de ce service avait bien réclamé d'abord, mais on n'y avait pas pris garde car, comme disait M. Durandel, membre de la Commission administrative et ancien suppléant de juge de paix, si on écoutait les médecins, les pauvres de l'hôpital seraient traités comme des grands seigneurs!

Cependant la Commission avait fait bâtir une nouvelle chapelle, véritable église d'un style excessivement compo-

site, infinement trop vaste pour le personnel hospitalisé,
mais qui était fréquentée par les dévotes et dévots les plus
huppés de la ville. C'était la mode des gens du bel air
d'aller là pour leurs oraisons. La paroisse souffrait de cette
concurrence sans trop oser se plaindre. L'un des médecins
fit un jour remarquer aux membres de la Commission que
ces allées et venues de personnes du dehors n'étaient pas
sans porter préjudice au bon ordre ; que d'ailleurs le mélange dans la chapelle de personnes saines et de convalescents pouvait être une occasion de contagion ; il cita même
deux ou trois cas de variole survenus dans sa clientèle de
la ville et qui lui paraissaient n'avoir pas d'autre cause. Du
coup M. Durandel déclara que le corps médical d'Oursignot
avait d'insupportables exigences, que son esprit subversif
était bien connu et que, décidément, les médecins n'enten-
daient absolument rien aux questions hospitalières. La
Commission s'en émut, on parla même de révocation ;
mais la chose en resta là, car il s'agissait d'un praticien
habile dont on pouvait quelque jour avoir besoin.

A Rouvrebose il y avait une salle des morts qui était
située à côté de la salle d'opération qui, d'ailleurs, était si
mal éclairée, si délabrée, si infectée dans ses parois, son
plancher et son ameublement, que c'était proprement l'antichambre du dépôt mortuaire. A Séruliac ce dépôt se
trouvait auprès de la Maternité et la cellule destinée aux
aliénés de passage y était attenante. Dans un chef-lieu de
canton M. Nemo trouva cette cellule loin de toute habitation dans les communs de l'hospice, proche le poulailler
et la porcherie ; les aliénés y étaient abandonnés sans surveillance, sans moyen de chauffage, sans autre couchage
qu'une botte de paille, sans vitres à la lucarne grillée par
où le vent, la pluie, la neige avaient loisir d'entrer. Les
pauvres fous grelottaient là pendant les longues nuits
d'hiver, en attendant leur transfert, et mouraient quelquefois avant.

Dans les hôpitaux comme dans les hospices il n'y avait

pas toujours une salle réservée pour les repas. Dans les hospices surtout l'absence de réfectoires, obligeant les vieillards ou les infirmes à rester presque continuellement dans la salle où ils couchaient, ne permettait pas d'aérer ces salles par l'ouverture des fenêtres; l'odeur fade des mets se mêlait à celle des exhalaisons humaines et il fallait avoir le cœur solide pour pénétrer, un jour d'hiver, dans cette atmosphère viciée. Ce qui rendait la situation plus fâcheuse, c'est que les bains n'étaient donnés que sur l'ordonnance expresse du médecin, dans des cas pathologiques constatés, et que le personnel hospitalisé ne réclamait pas, apportant généralement à l'hospice une sainte horreur de l'eau. Au surplus, dans presque tous les hôpitaux et hospices, le service balnéaire était très rudimentaire ; un petit établissement d'un chef-lieu de canton qui avait 24 lits en tout ne possédait qu'une baignoire où le jardinier emmagasinait ses graines potagères (1), ses oignons à fleur, et quelques hardes de rechange qu'il avait et qu'il comptait ainsi préserver de l'humidité.

Certains établissements, comme ceux de Saint-Harmony, étant très vastes et la cuisine se trouvant à une extrémité, les mets, portés à bras, arrivaient rarement chauds aux salles éloignées et toujours froids au lit de chaque malade.

La Maternité de Saint-Harmony est annexée à une école départementale d'accouchement qui était dirigée en l'absence du médecin par une sage-femme déjà vieille, apportant dans l'exercice de ses fonctions un zèle modéré et une routine excessive, se moquant volontiers, en cachette, des leçons du professeur qui tâchait d'enseigner à ses élèves la pratique de l'antiseptie ; la discipline en souffrait et les élèves oubliaient vite les leçons du maître, aimant mieux se fier à l'expérience de la matrone ; c'est pourquoi, sorties de l'école, elles allaient continuer et per-

(1) Absolument authentique. D'ailleurs cette remarque s'applique à tout le reste.

pétuer dans les communes où elles s'installaient, les traditions étranges et les préjugés malpropres des anciennes
accoucheuses. Elles perdaient tout de suite l'habitude de
baigner les enfants qui, à leur naissance, étaient simplement enduits de graisse et sommairement essuyés.

La Maternité de Rouvrebosc située dans un rez-de-
chaussée humide, à peine éclairé, ne comprenait qu'une
seule pièce où les expectantes, les parturientes et les con-
valescentes se trouvaient confondues. L'accouchement se
faisait dans la salle même. S'il survenait un cas de fièvre
puerpérale c'était le point de départ d'une épidémie. Les
enfants y contractaient fréquemment des ophthalmies, et
une bonne part des aveugles qui étaient à la charge du
département avaient contracté là, dès la naissance, leur
incurable infirmité. Sur la porte de cette salle on lisait en
lettres noires le mot : GÉSINE.

A Beauséjour la maternité était attenante au dispensaire
des filles publiques vénériennes. Il n'y avait qu'une infirmière pour les deux services ; elle allait de l'un à l'autre,
portant avec elle dans des vêtements malpropres des
germes pathologiques variés et faisant libéralement l'é-
change des infections.

M. J. Nemo fut frappé de cette promiscuité. Il apprit
que les religieuses hospitalières ne soignaient ni les femmes
syphilitiques, ni les femmes en couche, que c'était une
condition formellement inscrite dans les traités (1) qu'elles
passent avec les Commissions hospitalières, et que, presque
partout, elles confondaient ainsi dans une sorte de répro-
bation commune le vice et l'accomplissement de la fonc-
tion maternelle.

Même au chef-lieu, à Saint-Harmony, ville de garnison

_____

(1) Voici l'article qu'on trouve inscrit dans tous ces traités : « les
« religieuses ne donneront leurs soins ni aux filles de mauvaise vie,
« ni aux femmes atteintes du mal qui en procède, ni aux mères dans
« leurs accouchements. »

où le dispensaire avait une assez grande importance, les filles syphilitiques étaient plus emprisonnées que soignées. Le préfet ayant eu la curiosité de demander qui s'occupait du pansement de ces malades, il lui fut répondu qu'elles se pansaient réciproquement parce que les infirmières étaient d'honnêtes femmes [qui ne pouvaient descendre à cette besogne. Une pauvresse mariée à un débauché qui lui avait communiqué la syphilis était d'ailleurs traitée de même et enfermée sous les mêmes grilles et les mêmes verrous. Cela simplifiait le service.

Dans plusieurs hôpitaux, le régime alimentaire avait été fixé d'une façon bizarrement arbitraire pour certaines catégories de malades ; c'est ainsi qu'on avait imaginé de ne donner de vin ni aux syphilitiques, ni aux galeux, ni aux teigneux. Il est vraisemblable que les médecins n'avaient pas été consultés, et que les Commissions administratives qui avaient fait les règlements de ces établissements hospitaliers partageaient les défiances de M. Durandel à l'égard du corps médical.

IV

La plupart des hospices de Sambre-et-Loire avaient des orphelinats ; soit qu'ils y eussent été établis en vertu d'une fondation régulière, soit que la Commission ait fermé les yeux sur une création non justifiée mais qui était devenue quasi régulière avec le temps.

Il ne faut pas croire pourtant que ces orphelinats fussent peuplés d'orphelins et d'orphelines qui sont légalement à la charge du département et rentrent dans le cadre des enfants assistés. Mais il en est ainsi partout, sauf dans quelques départements, comme celui du Nord, où les hospices recueillent des *orphelins municipaux* ; et, d'ordinaire, les prétendus orphelinats renferment seulement ou bien des *demi-orphelins* si l'on peut dire, c'est-à-dire des en-

fants qui ont perdu l'un de leurs parents, ou bien des enfants de famille indigente, ou bien des moralement
abandonnés. Le vocable orphelinat est mauvais, mais
l'œuvre peut être bonne et cela suffit.

Les orphelinats des hospices rendent en effet des services sérieux s'ils sont intelligemment dirigés; ils n'en
rendent aucun si la direction y est mauvaise. Prendre des
enfants dans la misère et dans le ruisseau est une pensée
excellente, à la condition qu'on ne les rejettera pas plus
tard dans la pauvreté et dans la fange. Personne n'a moralement le droit de se charger d'un enfant sans l'obligation de l'instruire pour lui permettre de vivre un jour
librement de son travail.

M. Jules Simon a dit cette belle parole : « Remplir l'école
c'est vider la prison et l'hospice ». L'orphelinat doit être
une école s'il veut atteindre son but charitable et nous di-
rons même qu'il doit être une école professionnelle. A
quoi servirait-il d'instruire les enfants si cette instruction
ne doit leur être d'aucune utilité pratique ? A quoi bon
leur mettre dans les doigts un travail uniquement auto-
matique qui ne fera jamais de celui qui y excèle qu'un
rouage inintelligent? Ce n'est certes pas ainsi que l'éminent
auteur de l'*Ouvrière* conçoit cette école qui préserve le
corps et assainit l'esprit ; mais c'est ainsi que les orphelinats de Sambre-et-Loire semblaient la comprendre en 1879,
au grand chagrin de M. le préfet Nemo.

Cet administrateur remarquait que la plupart des orphelinats de filles se bornaient à enseigner aux orphelines la
couture de pièces qui leur étaient fournies toutes prépa-
rées, et qu'elles n'avaient ni taillées ni assemblées elles-
mêmes. Celle-ci savait admirablement faire les boutonnières
et ne savait rien de plus ; une autre brodait avec une
régularité parfaite les contours d'un dessin tracé à l'encre
bleue, et qu'elle eût été incapable de reproduire ; il y avait,
à l'orphelinat de l'hospice de Séruliac, une quantité de
brodeuses adroites qui travaillaient pour un grand maga-

sin de Paris, et que le préfet trouva occupées à broder des chemises de haut luxe, fort élégantes, ajourées aux bons endroits, et destinées sans doute à des personnes pour qui la chemise n'est pas un vêtement tout à fait personnel.

En sortant de l'hospice sans instruction, sans pécule, que pouvait faire une pauvre fille ? Savoir faire des boutonnières irréprochables ou des broderies très soignées, ce sont des talents recommandables, mais un peu spéciaux et d'un placement difficile ; et il n'est pas étonnant que la supérieure d'un hospice, à Saint-Harmony, ait remarqué que ces malheureuses revenaient souvent à l'hôpital par la porte du dispensaire.

Les locaux de distribution des bureaux de bienfaisance se trouvaient quelquefois envahis, dans le département de Sambre-et-Loire comme dans plusieurs autres, par des œuvres charitables qui, vivant sous le toit des Commissions administratives, n'étaient ni administrées, ni contrôlées par elles. Des orphelinats privés se développaient là, sans surveillance, et il en résultait quelques irrégularités financières, des virements de charité inconsciemment délictueux.

Il y a, à Saint-Harmony, un de ces bureaux de distribution qui est établi dans l'ancien hôtel d'un fermier général. Le bâtiment, d'un beau style Louis XIV, est accompagné de deux ailes en retour d'équerre qui bordent une vaste cour d'honneur fermée sur la rue par une grille monumentale. Il a été donné, il y a une quarantaine d'années, au bureau de bienfaisance, par un marquis qui descendait, par les femmes, du fermier général constructeur. Mais, petit à petit, tous les locaux ont été envahis : ici par un ouvroir, là par une école privée, enfin par un orphelinat ; la Commission administrative y a gardé, par miracle, une salle pour ses réunions ; mais, les pauvres du bureau de bienfaisance n'y trouvant plus place, il a fallu construire, il y a douze ans, dans la cour, un bâtiment annexe pour la consultation gratuite et pour la cuisine.

V

Dans ce bâtiment, il existait aussi une crèche privée.

C'est une belle et touchante institution que celle des crèches; et le nom de M. Firmin Marbeau mérite d'être gardé par la postérité comme celui d'un homme de bien qui a imaginé l'un des modes les plus heureux et les plus ingénieux de l'assistance. Il est tout naturel que les bureaux de bienfaisance subventionnent en quelque manière des œuvres aussi utiles en leur fournissant des locaux vacants et non autrement utilisés pour le service des pauvres.

Il y avait, il y a dix ans, quatre crèches à Saint-Harmony et une à Séruliac. Les crèches de Saint-Harmony étaient dirigées par des congrégations, sauf une que la municipalité avait fondée récemment et qui était exclusivement laïque. Elles étaient toutes les quatre également mal installées. Il n'y avait, pour les bébés, que des lavabos insuffisants; même, dans l'une d'elles, on faisait la toilette de tous les enfants avec une seule éponge et un seau d'eau.

Les contagions y étaient fréquentes; l'athrepsie ne l'était pas moins, car le lait, conservé sans précautions et en vases ouverts, s'ensemençait des germes de l'air et fermentait aisément.

Pourtant la crèche de Séruliac, si elle n'était pas parfaite pouvait, dans une certaine mesure, servir de modèle. Les dames de la Vierge des Sept-douleurs, qui en faisaient le service, demandaient l'avis de leur médecin et le suivaient; elles avaient installé sur ses conseils un lavabo convenable; on y trouvait pour chaque enfant, dans des casiers numérotés, un peigne et une brosse, une serviette et une éponge; la plus scrupuleuse propreté y brillait; chaque enfant avait son berceau et, sur le lit de camp où l'on couchait les plus grands, il y avait des matelas de moleskine qu'on lavait plusieurs fois par jour, avec une éponge imbibée d'une solution antiseptique. On connaissait, à Saint-Harmony, la crèche de Sérullac, mais on ne songeait pas à l'imiter.

Ce qui frappa surtout M. le préfet de Sambre-et-Loire, au cours de la visite qu'il fit de ces crèches avec l'inspecteur des enfants assistés, c'est que dans aucune d'elles, sauf dans la crèche municipale, on ne recevait les enfants des filles mères. Les religieuses qui dirigeaient les autres crèches les refusaient obstinément,— au nom de la morale et de la religion.

M. Nemo ne pouvait admettre que ce fût là de la charité, ni que, dans une religion toute d'indulgence et dont le fondateur avait eu compassion de la femme pécheresse, on pût condamner des enfants pour les fautes de leurs mères. Il en parla aux dames patronnesses dont les libéralités faisaient vivre ces œuvres privées ; il leur exposa la situation qui était ainsi faite aux filles mères qui, ne sachant où déposer leurs enfants pendant les heures de travail, n'avaient d'autres ressource souvent que de les abandonner à l'Assistance publique ; après quoi, n'étant plus retenues par l'amour maternel, ne se sentant plus obligées de travailler pour quelqu'un, n'ayant plus auprès d'elles cette innocence qui faisait oublier la faute en leur apprenant la douceur du devoir, ne se sentant plus enchaînées par les petits bras autour du cou, ni consolées par les gentils sourires et les gais babils, elles tombaient irrémédiablement dans la prostitution.

Est-ce là ce qu'avait rêvé, en 1844, le philanthrope fondateur des crèches ? Est-ce cette œuvre cruelle qu'il voulait faire ? Et pensait-il qu'il la mettait sous le patronage d'une religion impitoyable qui ne connaît pas la rédemption ? N'avait-il pas prévu plutôt que son œuvre ne serait pas seulement une œuvre d'assistance, mais un moyen de relèvement moral ?

Et d'ailleurs pour qui étaient faites les crèches ? N'était-

ce pas là surtout qu'on devait appliquer la divine parole :
« Laissez venir à moi les petits enfants ».

M. Nemo parlant des enfants à des femmes, à des mères,
ne pouvait pas ne pas être écouté. Ce fut la première
réforme qu'il parvint à introduire dans le fonctionnement
des services d'assistance de son département; et ce ne fut
pas la moindre.

Le préfet de Sambre-et-Loire savait en effet de quelle
importance est, dans notre pays, la protection de la santé
et de la vie de l'enfance ; il n'ignorait pas que si, au commencement du siècle, l'accroissement de la population
française était chaque année de 6,02 pour 1000 habitants,
ce chiffre se trouvait réduit, au moment même où il prenait la direction du département, c'est-à-dire en 1870, à
3,34 pour 1000, et il a pu suivre depuis la progression dé-
croissante qui ne donne plus aujourd'hui qu'une augmentation de 1.37 pour 1000 habitants par chaque année.
Patriote ardent, il voyait avec chagrin que la population
anglaise augmentait dans le même temps de 13 pour mille,
que l'Allemagne voyait sa population s'accroître de 10
pour mille, tandis que l'Italie et la Belgique accusaient
encore une augmentation annuelle de 7 pour mille, c'est-
à-dire plus même que notre pays au commencement du
siècle. C'est pourquoi il avait bien vite compris l'utilité de
la loi de protection qui porte le nom d'un grand homme
de bien, notre cher maître et ami le D^r Th. Roussel ; et
c'est pourquoi il insista vivement, dès la première réunion
du Conseil général, pour qu'on élevât le crédit spécial destiné à en assurer l'application. D'ailleurs, il ne pensait pas
que cela suffit d'avoir plus d'argent pour un service : il
estimait qu'il fallait surtout en perfectionner le fonctionnement.

L'inspecteur des enfants assistés était un fonctionnaire
déjà âgé, fort honnête, ayant rendu des services utiles,
mais trop attaché aux formes et aux pratiques anciennes,
trop déshabitué de l'initiative pour pouvoir appliquer une

Napias.  2

loi nouvelle. Il avait droit à sa retraite, et M. Nemo songea à la demander pour lui en même temps qu'une distinction honorifique qu'il avait bien méritée.

Dès que son successeur fut désigné, M. Nemo lui donna des instructions sévères, et insista pour qu'on ne plaçât les enfants que dans des conditions de convenance et de salubrité dûment constatées. Il avait pu voir, en effet, dans ses voyages d'étude à travers son département, que les enfants étaient placés en nourrice un peu au hasard, chez qui les demandait, sans souci du logis qu'ils auraient à habiter.

Il y avait dans la montagne, notamment dans le canton de Puy-Tépide, beaucoup d'enfants en nourrice. Les parents qui se séparaient si aisément de leur progéniture, aimaient à dire que l'air de la montagne était particulièrement pur, de l'avis de tous les médecins, et que l'intérêt du bébé avait imposé à sa famille cette séparation. — On n'imagine pas combien l'égoïsme a d'excuses à sa disposition !

Le préfet avait constaté qu'en réalité l'air pur des montagnes était remplacé, pour les enfants, par l'atmosphère viciée de logis indescriptibles d'où ils ne sortaient guère et où on les enfermait, couchés dans leurs berceaux ou accrochés à quelque clou, pendant qu'on allait aux champs. Il avait vu dans ces maisons de montagnards qui ne comportent qu'une seule pièce, à rez-de-chaussée, sur terre-plain, les hommes et les animaux se disputer un cube d'air insuffisant et mal renouvelé ; il avait trouvé là, pêle-mêle, deux ou trois générations, sur des lits garnis de rideaux de serge, et, dans un coin le porc grognant derrière un cloisonnage de fascines, et la vache ruminant sur une litière de fumier, et les volailles picorant autour de la table, et le chien roulé frileusement auprès de l'âtre. — Il y a encore dans notre pays des maisons où l'on rencontre de ces promiscuités ; et ce n'est pas seulement dans le département de Sambre-et-Loire, mais aussi dans quelques autres ; les baigneurs

élégants de Royat pourront aisément s'en assurer en visi-
tant, s'ils en ont le courage, l'intérieur de quelques maisons dans les pittoresques villages de la montagne. Ils
trouveront là, quelquefois, deux ou trois enfants élevés au
biberon, auprès d'une vache qui allaite son veau maternel-
lement.

C'est à la suite d'une de ces visites que M. Jacques Nemo
a demandé au ministère une subvention plus élevée pour
les sociétés du département qui s'occupaient de favoriser
l'allaitement maternel.

Les enfants assistés étaient, dans le département de
Sambre-et-Loire, l'objet d'une surveillance active et très
dévouée, mais le service avait une dotation très pauvre;
il n'était payé aux nourrices que des sommes insuffi-
santes, — non toutefois aussi ridiculement faibles que dans
tel autre département que nous pourrions citer où les
nourriciers ne reçoivent encore que 25 centimes par jour
pendant la première année de l'enfant et, après 5 ou 6
ans, 15 centimes ou même 10 centimes seulement. Ces
allocations consacrent pour ainsi dire le droit pour le
nourricier d'exploiter le travail des enfants, et constituent
une situation tout à fait déplorable.

On avait aussi pris la fâcheuse habitude de mettre les
enfants assistés dont la conduite laissait à désirer dans des
établissements correctionnels privés où les abus de toute
sorte n'étaient pas rares et où ils restaient détenus sans
jugement; c'était une monstrueuse illégalité que M. Nemo
fit d'abord cesser.

La coutume administrative ancienne était de mettre en
adjudication la fourniture des layettes et vêtures aux enfants assistés qui se trouvaient ainsi porter une sorte
d'uniforme, véritable livrée de l'Assistance publique qui les
désignait à tous les regards. — « Qu'est-ce qu'une charité
qui n'a pas de pudeur avec le misérable et qui, avant que
de le soulager, commence par écraser son amour-propre ? »
C'est un auteur profane qui a dit cela, c'est Marivaux. Il y

a· des auteurs sacrés qui ont eu de moins heureuses pensées.

M. Jacques Nemo prit sur lui de supprimer l'adjudication et y substitua l'achat direct à prix débattu ; seulement il décida que ces achats seraient faits par une Commission composée de membres du Conseil général et d'anciens négociants qui, très au courant des choses du commerce, se procuraient dans les fabriques de Sérullac ou même dans les départements voisins, à des prix très réduits, des pièces d'étoffe présentant quelques défectuosités ou d'un dessin moins recherché par la mode, ce qui permettait de varier les vêtures des pupilles de l'Assistance publique (1).

VI

L'asile départemental d'aliénés de Sambre-et-Loire ressemble à la plupart de ceux qui, dans les autres départements, ont été construits depuis 25 ans. Il est formé de bâtiments séparés, reliés entre eux par une galerie couverte, ayant chacun leurs préaux, leurs réfectoires, et, au premier étage, des dortoirs spacieux avec des parquets cirés resplendissants.

Il est construit à 8 kilomètres de Saint-Harmony, sur les premiers contreforts des montagnes, parmi les vignes et les champs qui descendent en pente douce jusqu'au fond de la vallée où se trouvent de belles prairies arrosées dont le foin, parfumé par la flouve odorante, est renommé parmi les meilleurs du département.

La position de l'asile dans la partie la plus élevée du domaine offre cet avantage de donner à chaque préau une vue splendide sur les riches plaines qui s'étendent de Saint-

(1) Il a été fait quelque chose de semblable dans le département de la Seine-Inférieure sous l'inspiration du préfet qui administre avec tant de tact et d'autorité ce beau département.

Harmony à Sérullac et où l'on voit onduler les blés mûrs, rougeoyer les sainfoins, miroiter les lacets des cours d'eaux, se dresser dans des bouquets de verdure les clochers des villages et les hautes cheminées des usines.

C'est une excellente situation, et c'est aussi, pour beaucoup d'aliénés, un des bons éléments du traitement. — Il semble que les larges horizons où la vue s'étend à loisir aient, sur ces pauvres cerveaux malades, un effet en quelque sorte sédatif, et qu'avec le regard s'en aille, par instants, bien loin, l'obsession délirante ou maniaque.

La bonne tenue de l'établissement est justement réputée ; les jardins, fleuris de roses, accueillent d'abord le visiteur et, lui offrant leurs riches couleurs avec leurs suaves parfums, semblent vouloir lui faire oublier dans quel lieu désolé il se trouve ; les cuisines font resplendir à ses yeux le poli des cuivres ; la lingerie le surprend par ses proportions énormes, par ses casiers réguliers, où le linge et les vêtements de 800 malades, s'alignent, rangés dans un ordre parfait d'où la fantaisie, toutefois, n'est pas exclue. Là, les bonnes sœurs attachées à l'asile ont donné pleine carrière à leur imagination artistique, et les draps de lit, les serviettes, les mouchoirs, les gilets de tricot, les bas de laine, les bonnets, les camisoles, dessinent des carrés, des losanges, des éventails, des fleurs, des oiseaux ; et même un vaisseau de haut bord, fait de chaussettes bleues, profile sur le fond blanc d'un panneau réservé aux taies d'oreiller sa triple mâture, sa coque à trois ponts et ses canons braqués par les sabords sous la forme ;de serviettes fortement roulées en cylindres.

Cette lingerie est une des curiosités du département ; les parents et les amis des malades ne manquent jamais de la visiter et partent, convaincus par un si bel ordre, que tout est pour le mieux dans le meilleur des asiles.

M. le préfet de Sambre-et-Loire, lors de ses premières visites, admira complaisamment ce que tout le monde trouvait si admirable ; mais il constata bientôt, comme il

l'avait pu faire déjà dans les établissements du même
genre qu'il avait eu à visiter dans les départements où
l'avait successivement conduit sa carrière administrative,
que tout ce luxe de surface n'impliquait pas la perfection.

Certes les dortoirs étaient admirablement tenus et, tout à
côté, les lavabos alignaient des cuvettes d'un mécanisme
compliqué où les tuyaux amenaient l'eau chaude et l'eau
froide à volonté par un jeu savant de robinets ; — mais on
ne se servait pas de ces lavabos ; il n'y avait en réalité ni
eau chaude ni eau froide, parce qu'on estimait qu'il en pourrait résulter des taches sur le parquet ciré et une difficulté
d'entretien qu'on avait simplifiée en envoyant les malades
se laver, comme ils pouvaient, à une fontaine dans le
préau.

La cuisine était coquettement lambrissée de faïences,
et les chaudières de cuivre brillaient comme des miroirs ;
mais si la nourriture des pensionnaires de première classe
était soignée, celle des malades indigents était par contre
fade et monotone ; il n'y entrait qu'une proportion un peu
faible de viande, presque pas de beurre, et on s'ingéniait
médiocrement à varier le mode d'assaisonnement. La phar-
macie ne s'approvisionnait pas volontiers des médicaments
nouveaux. En tout on cherchait une stricte économie. C'est
qu'il fallait compter avec le Conseil général qui ne voulait
pas élever de 5 ou 10 centimes le prix de journée fixé à
95 centimes, malgré les incessantes réclamations du direc-
teur-médecin.

Il résultait de tout cela que les aliénés indigents étaient
logés et nourris médiocrement, mais qu'ils étaient encore
plus médiocrement soignés. D'ailleurs ils étaient réunis en
trop grand nombre dans les préaux où ils s'agitaient, s'il-
lusionnaient, s'hallucinaient, se suggestionnaient réciproquement. Le médecin gémissait de ne pouvoir en isoler
qu'un petit nombre dans des cellules imparfaitement
agencées et dépourvues de préaux ; il pensait que
beaucoup trouveraient pourtant dans cet isolement des

conditions utiles à leur guérison. Il administrait de son mieux et soignait comme il pouvait, mais il savait bien, lui, que l'asile départemental de Sambre-et-Loire n'était pas encore un asile modèle ; qu'il y avait beaucoup à faire pour le rendre tel, et quelqu'argent à dépenser. Ce fut aussi l'avis du préfet.

VII

Au cours de ses visites dans les établissements de bienfaisance de Sambre-et-Loire, M. Jacques Nemo fit cette constatation que les gens charitables et de bon vouloir ne faisaient pas défaut à son département ; qu'ils étaient au contraire en grand nombre dans les Commissions administratives des hôpitaux, hospices et bureaux de bienfaisance ; qu'ils montraient un zèle des plus louables pour toutes les œuvres créées en faveur des malheureux et des infirmes, et que si ce zèle n'était pas plus efficace c'est qu'il était insuffisamment secondé par l'étude et par la compétence.

La plupart des membres de ces Commissions, faisant le bien, ne semblaient point avoir souci du mieux, retenus par les coutumes locales, les habitudes invétérées, les préjugés tenaces : par tous les fils qui forment le réseau solide de la routine. Ils étaient très inconsciemment mais très fortement imbus de cette maxime que Sétoc disait à Zadig : qu'il n'y a rien de plus respectable qu'un ancien abus.

Quelques-uns, excellents administrateurs comme M. Ravin, se montraient défiants à l'égard du progrès ; d'autres, comme M. Brasan, vice-président de la Commission hospitalière de Saint-Harmony, n'étaient pas suffisamment secondés dans l'œuvre de réforme dont ils apercevaient l'utilité et qu'ils tentaient courageusement d'entreprendre. Beaucoup, qui étaient notaires, avoués, pharmaciens, négociants, craignant les critiques, soucieux de l'achalandage de leur étude ou de leur commerce, écartaient les questions qui n'auraient pas manqué, pensaient-ils, de diviser leurs clients. D'ailleurs, voyageant peu, ne sachant que par ouï-dire qu'il avait été fait ailleurs autrement que chez eux, ils n'avaient pas de termes réels de comparaison ; et ils s'endormaient dans cette pensée qu'ils avaient rempli leur tâche en se montrant économes des deniers de l'assistance que leur générosité ne faisait qu'augmenter.

Il était urgent de sortir de là, de mettre à la tête des établissements d'Assistance des hommes résolus à marcher de l'avant. Il s'en trouvait évidemment ; il ne fallait que les chercher, que les encourager et les soutenir. M. le préfet de Sambre-et-Loire y réussit. Non pas qu'il ait un seul instant songé à la dissolution des Commissions existantes, ni à la révocation de leurs membres, car il avait horreur des moyens violents ; il pensait avec Pascal que la violence et la vérité ne peuvent rien l'une sur l'autre ; mais aussi il n'aimait guère la faiblesse et il était conscient de ce que peut la fermeté patiente pour venir à bout des erreurs les plus anciennes.

Les Commissions administratives des établissements hospitaliers et des bureaux de bienfaisance sont, aux termes de la loi du 5 août 1879, composées du maire président-né, et de six membres dont deux sont désignés par le Conseil municipal et quatre nommés par le préfet. Ces derniers sont renouvenables par quart d'année en année. Il fallait donc, au pis aller, quatre ans pour avoir dans chacune de ces Commissions une majorité progressiste. Encore fallait-il distinguer, pour les éliminations, ceux que leur âge et leurs longs services rendaient particulièrement respectables : braves gens qui n'avaient en somme d'autres défauts que d'être trop fortement attachés par la vieillesse à des pratiques et à des idées qu'ils ne pouvaient plus modifier ; et ceux qui, plus jeunes par l'âge et les services rendus, restaient irréductibles dans leur conception arriérée et routinière de l'Assistance : gens de tempérament réactionnaire qui en étaient encore à concevoir la bienfaisance comme une aumône et que leur incurable égoïsme rendait réfractaires à l'idée élevée de la solidarité humaine.

Pour les premiers, M. Nemo voulut qu'ils fussent nommés membres honoraires des Commissions auxquelles ils avaient apporté longtemps leur concours ; et, pour adoucir ce que cette décision pouvait avoir pour eux d'amertume, il demanda et obtint de M. le ministre de l'Intérieur quelques distinctions honorifiques que tout le monde considéra comme bien données.

Pour les autres il s'en débarrassa en ne les renommant pas. — M. Durandel fut au nombre de ces derniers. Il put désormais ajouter à son titre d'ancien suppléant de juge de paix, celui d'ancien membre de la Commission administrative des hospices d'Oursignot. Il en conçut un violent dépit et, du coup, contracta la jaunisse, dit-on. Mais, comme il resta quelque temps sans montrer son grognon visage à ses contemporains, la chose ne fut jamais absolument démontrée ; cette jaunisse est restée conjecturale et, aujourd'hui encore, les uns tiennent pour l'affirmative et les autres pour la négative ;—que d'incertitudes dans l'histoire !

Le personnel médical était, dans les établissements de Sambre-et-Loire, ce qu'il est partout en France ; il donnait ses soins sans compter : le plus souvent gratuitement, quelquefois moyennant une indemnité dérisoire ; et montrait cette générosité large, cette indépendance fière qui ont fait au médecin une place à part dans notre société et lui ont assuré la juste influence qu'on lui voit dans notre pays et qu'il n'a, à un égal degré, dans aucun autre.

Le personnel secondaire des surveillants et surveillantes, infirmiers et infirmières, était aussi ce qu'il est presque partout : généralement dévoué, mais insuffisant. C'est de quoi se préoccupait beaucoup M. Nemo.

Les différents néologismes dérivés du mot *laïque* n'étaient pas inconnus dans Sambre-et-Loire ; on y parlait de laïcisation, on y conjuguait le verbe laïciser, il y avait des gens qui se disaient laïcisateurs et d'autres anti-laïcisateurs ; car notre langue, déjà si riche, s'enrichit chaque jour de vocables nouveaux pour exprimer des idées nouvelles. — Le malheur est que si les idées nous divisent les mots nous divisent plus encore, et qu'il y a chez nous des gens qui se feraient tuer pour des mots sans comprendre précisément le sens qu'ils ont et les idées qu'ils expriment. C'est un travers de notre nature généreuse.

Certes la grande majorité des électeurs du département tenaient pour que l'État restât laïque. Ils comprenaient qu'il n'avait pas à prendre parti pour telle ou telle doctrine religieuse ou philosophique ; ils sentaient qu'il était juste que les religions qui ont les temples pour enseigner la foi n'entrent pas dans les écoles où la science doit seule régner et où l'enseignement, justement parce qu'il est donné obligatoirement à tous, doit avoir un caractère de neutralité absolue.

Mais quand il s'agissait des hôpitaux les avis étaient beaucoup plus partagés ; mille raisons de sentiment intervenaient alors dans le débat et brouillaient les entendements ; de part et d'autre on se jetait à la tête des arguments dictés par la passion. La Commission hospitalière de Saint-Harmony, suivant l'exemple de celle du Havre, avait laïcisé son hôpital et conservé dans ses hospices les anciennes congrégations ; c'était une solution qui pouvait être sage et qui permettait d'utiles comparaisons, mais les esprits absolus n'y avaient rien compris et, tandis que plusieurs conseillers municipaux venaient se plaindre au préfet que la laïcisation ne fût pas complète, M. Ravin, administrateur des hospices de Sérullac, essayait de lui démontrer qu'on avait donné là un mauvais exemple aux établissements du département ; les uns et les autres demandaient l'intervention de l'autorité.

M. Ravin affirmait que cette intervention était légitime et s'appuyait de l'opinion d'un homme d'État libéral qui avait déclaré, dans un banquet, que si un ministre de l'Intérieur rétablissait les sœurs dans les hôpitaux d'où elles avaient été écartées en diverses villes de France tout serait pour le mieux dans la meilleure des Républiques.

M. Nemo répondait à tout cela que les hôpitaux sont des personnes civiles qui ont le droit de choisir tels serviteurs qu'il leur convient; qu'il serait aussi injuste de leur imposer le choix d'une infirmière que d'imposer à un parti- culier le choix d'une garde-malade ; qu'un homme d'Etat, fît-il profession de libéralisme et fut-il en même temps un des plus gens d'esprit de cette époque, pouvait se tromper à l'occasion et qu'il n'était au pouvoir d'aucun ministre de l'intérieur d'intervenir sur ce terrain, ni dans ces circons- tances. Il ajoutait que cette intervention ne serait légitimée que par le désir d'assurer aux malades des soins plus éclairés et que, personnellement, il ne souhaitait rien tant que de voir l'Etat demander que les médecins des hôpi- taux fussent partout nommés au concours, et que les per- sonnes qui les aident auprès des malades fussent tenues de faire la preuve de la compétence nécessaire à leurs fonctions. C'est ainsi qu'on faisait en divers pays de l'étran- ger sans qu'il en résultat de scandale. D'ailleurs, et sous condition d'études spéciales et d'examens probatoires, il considérerait comme absolument libéral de laisser les Commissions hospitalières libres d'exiger que les infir- mières se coifferaient d'un bonnet ou d'une cornette.

Les réclamants ne se montrèrent pas tous satisfaits de ces réponses ; et tandis que les uns accusaient le préfet de prêter son concours au radicalisme le plus effréné, les autres n'hésitaient pas à le qualifier d'affreux réaction- naire. Ce qui prouve qu'il y a diverses façons de comprendre la tolérance.

VIII

Précisément vers cette époque, M. Terrail, chirurgien des hôpitaux, et professeur à la Faculté de médecine de Paris, s'en vint en Sambre-et-Loire prendre un mois de repos, ainsi qu'il fait tous les ans ; car ce savant est originaire de Saint-Harmony où son grand-père exerçait déjà la médecine, et où son père a professé, non sans éclat, la pathologie. Il est le troisième représentant d'une de ces belles familles médicales qui ne sont pas rares dans notre pays, et dont chaque génération augmente le patrimoine de savoir et de vertus. Il y a en effet des noms qui se continuent dans la science ; on citerait de suite, sans grand effort de mémoire ni sans remonter bien loin, les Darwin en Angleterre et, chez nous, les noms des Geoffroy Saint-Hilaire, des Milne-Edwards, des Trélat, des Cruveilhier, des Regnault, des Monod, des Larrey, des Landouzy, et tant d'autres ! Il y a eu à Rouen, deux générations de Flaubert et de Leudet ; à Chartres, trois générations de Maunoury. Ce sont là des dynasties auxquelles notre pays républicain ne marchande pas son respect ; et n'a-t-il pas justement mis à sa tête le troisième représentant d'une véritable dynastie de citoyens intègres, qui ont été depuis un siècle des modèles de droiture et de savoir : des hommes d'honneur et des hommes de science.

Le nom des Terrail est en passe de tenir une belle place parmi les illustrations de la médecine, et le département de Sambre-et-Loire en est justement fier.

M. Nemo imagina de réunir, dans un dîner qu'il donnait à l'éminent professeur, quelques médecins de Saint-Harmony, plusieurs membres des Commissions administratives des hospices du département, des conseillers généraux et des conseillers municipaux. Parmi eux se trouvaient MM. Brasan et Ravin, ainsi que M. Ledoux qui, au Conseil municipal de Saint-Harmony, passait pour le protagoniste de la laïcisation.

Il comptait mettre son hôte sur le chapitre du personnel hospitalier, et qu'il y aurait profit pour la plupart des autres convives à discuter avec lui cette question d'assistance. La conversation prit en effet, après dîner, le tour que le préfet souhaitait de lui voir prendre.

— Autrefois, disait le Dr Terrail, le rôle du personnel secondaire des hôpitaux, et particulièrement des infirmiers
et infirmières, était un rôle effacé ; leur service ne se dis-
tinguait guère de celui de domestiques ordinaires. C'étaient
les mêmes mains qui faisaient les lits, balayaient les
salles, vidaient les vases, versaient les tisanes, brassaient
la farine des cataplasmes, étalaient le cérat épais sur les
linges fenêtrés ; puis les cataplasmes et le cérat, le styrax,
le baume du commandeur, l'onguent de la mère, le spara-
drap, s'appliquaient tels quels sur une plaie débarbouillée
avec une eau quelconque et on attendait, quelquefois
longtemps, la guérison, du topique qu'on avait employé.
Ce n'est plus le topique qui guérit aujourd'hui, c'est la
façon dont on l'emploie ; en d'autres termes on ne cherche
pas à mettre sur une blessure tel ou tel onguent prétendu
spécifique, mais on essaye de n'y pas laisser pénétrer les
microorganismes. La méthode antiseptique, en assurant
des résultats plus rapides et plus sûrs, a sauvé la vie à
des milliers de personnes, mais cette méthode exige des
précautions spéciales très minutieuses qu'il faut avoir
apprises ; les infirmiers et infirmières deviennent ainsi pour
le chirurgien des auxilliaires d'autant plus précieux qu'ils
sont plus capables et plus convaincus.

— Alors, dit M. Ledoux, vous demandez un personnel
laïque.

— Je demande un personnel instruit, répondit le Dr Terrail.

— N'est-il pas singulier, et ne trouvez-vous pas un peu
humiliant, dit à son tour M. Brasau, que ces progrès importants réalisés depuis quelques années en médecine aient
eu pour point de départ les découvertes d'un chimiste ?

— C'est justement l'honneur de la médecine moderne de
ne pas se cantonner dans les idées et les découvertes des
seuls médecins, répondit M. Terrail, mais d'accepter et de
rechercher le progrès d'où qu'il vienne. Ah ! nous sommes
loin du temps de Molière ; nous avons fait quelques pro-

grès qui nous permettent de n'être pas susceptibles, étant
moins ignorants ; et nous aimons le grand comédien qui a
si rudement châtié les ridicules de nos pères, dont quelques-uns se retrouvent aujourd'hui encore chez leurs fils.
Nous hésitons moins à dire que nous ne savons pas, ce qui
est le commencement de la sagesse scientifique, et nous
empruntons volontiers à toutes les sciences ce qu'elles
peuvent nous fournir pour la préservation de la santé et
pour la conservation de la vie. Quand un chimiste de génie,
quand notre grand Pasteur imagina d'étudier les phéno-
mènes mal connus de la fermentation, il s'est trouvé qu'il
découvrait un monde. Jusqu'à lui on invoquait, en chimie,
une certaine *force catalytique* ; et on invoquait aussi en
médecine, pour expliquer la genèse des maladies épidémiques, *une constitution médicale, un génie épidémique*; car
il est merveilleux de voir combien l'homme trouve aisément
des mots pour exprimer ce qu'il ne comprend pas ! Aujour-
d'hui qu'un rayon lumineux perce ces ténèbres, et que
nous commençons à comprendre, quand nous ne réussis-
sons pas à guérir le malade que nous opérons, nous n'ac-
cusons personne que nous-mêmes ; nous sommes sûrs que
nous avons fait quelque sottise, nous ou nos aides, que
nous avons négligé une précaution. Nous nous sentons
quasi coupables. Et quand même nous avons fait de notre
mieux, nous ne sommes pas accertainés que ceux qui nous
ont prêté la main n'ont pas, par leur négligence, laissé la
porte ouverte au germe de mort qui flotte partout autour
de nous et que nous tâchons à écarter. C'est pour cela que
nous voulons des salles spacieuses, salubres, bien tenues;
des amphithéâtres d'opération irréprochables ; non qu'on ne
puisse obtenir de bons résultats dans toutes les conditions
possibles : dans une barraque en bois, dans les vieux bâtiments délabrés d'un ancien hospice, sous la tente de l'am-
bulance, etc., mais parce que nous savons que les conditions de propreté, d'antisepsie, seront plus aisément
remplies dans [des locaux où le nettoiement sera facile, où

les poussières ne pourront que difficilement s'accrocher aux parois lisses et sans moulures, aux lits sans rideaux. Des chirurgiens, et non des moindres, estiment qu'il suffit que l'opérateur et ses aides ne fassent aucune faute contre l'antisepsie et que le local de l'opération importe peu ; ah ! sans doute un prisonnier dans un obscur cachot peut, avec un mauvais clou, sculpter un chef-d'œuvre : c'est ainsi que fut fait, dit la légende, un merveilleux Christ d'ivoire que mon confrère et ami le Dr Pamard m'a montré au musée d'Avignon ; mais est-ce là une raison pour qu'un sculpteur renonce à se servir de bons outils dans un atelier bien éclairé ? Les bonnes conditions de construction et d'aménagement rendent, dans un hôpital, l'antiseptie plus facile et plus sûre. Il faut donc assainir nos hôpitaux, les pourvoir d'un matériel convenable et y installer un personnel sur lequel on puisse compter.

— C'est cela, reprit M. Ledoux, et seul un personnel laïque...

— Je vois, interrompit M. Nemo, que vous vous défiez *à priori* du personnel religieux, et je pense que vous rapetissez ainsi la grave question que traite le Dr Terrail. Il n'y a pourtant rien d'absolu en ces matières ; je sais, pour mon compte, des congréganistes qui deviendraient d'excellentes infirmières avec un peu d'instruction spéciale ; elles apportent quelquefois dans les services hospitaliers un dévouement tout à fait touchant, mais elles sont malheureusement tenues par la règle de leur congrégation qui défend à celles-ci de soigner les femmes en couches, ou les femmes syphilitiques, qui interdit à celles-là d'embrasser les enfants qu'elles recueillent dans les orphelinats : pauvres bébés pour qui les baisers sont aussi nécessaires que le lait ou le pain et qui, vivant toute leur enfance sans caresses, conserveront, sur leur visage immobile que n'éclaire aucun sourire, une sorte de tristesse résignée et, dans leurs yeux, la fixité muette, calme, têtue, des vieilles dévotes. Pourquoi ne pas demander que les supérieurs

ecclésiastiques réforment ces règles en les mettant d'accord
avec les besoins de l'assistance moderne ? Ces règles sont
anciennes ; elles pouvaient convenir aux pratiques médicales du moyen âge, elles n'ont plus aucun point commun
avec les exigences de l'hygiène, avec les pratiques de propreté individuelle que le Dʳ Terrail demande à ses infirmières. Mais est-il impossible d'obtenir de l'autorité religieuse qu'elle se prête à ,des modifications devenues
indispensables ? Faut-il désespérer de voir cette autorité
consentir à ce que les personnes qui se vouent aux soins
des malades apprennent à devenir des auxilliaires éclairés
pour le médecin ?

Ne savons-nous pas que les religieuses hospitalières de
Lyon donnent en cela un utile exemple ? Et si ces religieuses ne sont point encore, faute d'instruction professionnelle spéciale, des auxilliaires aussi précieuses qu'on
le peut désirer pour le chirurgien, n'ont-elles pas fait un
grand pas en soignant les femmes en couche, en pratiquant
même les accouchements ; car 29 de ces religieuses sont
actuellement pourvues du brevet de sage-femme de première classe et sont attachées aux trois grands services
d'accouchement des hôpitaux de cette ville.

M. Ravin écoutait avec une vive attention et, voyant là
une garantie contre les craintes de laïcisation dont il était
hanté, se proposait de parler de la question à l'Evêque de
Saint-Harmony dont il était l'ami personnel.

M. Terrail souriait, un peu incrédule ; car, s'il s'était ral-
lié à l'avis de M. Nemo, il jugeait difficile d'obtenir que les
religieuses hospitalières se soumettent à tout ce qui-lui
paraissait exigible d'une infirmière. Je pense, disait-il, que
vous avez peut-être bien fait de laisser, à Saint-Harmony,
les religieuses dans vos,hospices ; mais je suis sûr que vous
avez été bien inspirés surtout en mettant des laïques dans
les services de l'hôpital ; je les ai vues à l'œuvre, et vraiment elles ont du bon vouloir, et paraissent profiter des
cours que M. Brasan a institués pour elles. Seulement je

voudrais que ces laïques fussent convenablement payées ;
que ce fut un métier honoré et honorablement rétribué que
celui d'infirmière ; et je voudrais aussi qu'on leur assurât
une retraite après un temps de service suffisant. En Danemarck, où les hôpitaux sont desservis par des laïques, non
seulement elles ont une retraite, mais il s'est fondé une
société qui leur vient en aide et s'efforce d'augmenter le
revenu des infirmières retraitées. Les membres de cette
société font ainsi un acte de justice et de sage assistance
qui mérite d'être imité.

— Mais, disait M. Ledoux revenant à son idée, même à
l'hospice, les religieuses obsèdent les vieillards de leur
zèle prosélytique, et d'ailleurs dans tous les établissements
que je connais j'ai vu qu'elles finissaient par avoir la haute
main sur les services ; se croyant chez elles, agissant en
maîtresses et comptant pour rien les commissions administratives.

— C'est, répondit M. Nemo, que les commissions administratives ne sont pas assez conscientes de leur autorité.
Ce n'est pas un fait nouveau dans les hôpitaux que cette
lutte entre le pouvoir civil et l'autorité ecclésiastique ; elle
a pour ainsi dire existé de tous temps et au moins depuis
qu'un édit du roi Henri III, en 1561, enlevant la direction
des hôpitaux au clergé et à la noblesse, ordonna que :
« les marchands, bourgeois et laboureurs » pourraient seuls
être administrateurs. Les archives des hôpitaux, et en particulier celles de l'Hôtel-Dieu de Paris, montrent que la lutte
entre les administrateurs et les personnes religieuses qui
y étaient employés n'a pour ainsi dire pas cessé un seul
instant. L'administration des hôpitaux de Lyon qui, bien
avant l'Edit de Henri III, était entre les mains des laïques,
puisqu'elle avait été remise en 1478 aux mains des Eche-
vins et qu'elle y resta jusqu'en 1583, époque à laquelle elle
passa dans celle de *Recteurs* spéciaux, eut toujours des
démêlés avec l'autorité religieuse représentée par l'Arche-
vêque, mais elle ne céda jamais à cette dernière ; et notez

qu'il fallait quelque courage aux bourgeois de 1478 ou
de 1583 pour soutenir sans faiblesse une lutte pareille !
Aujourd'hui les commissions administratives sont maîtresses chez elles ; si elles délèguent une partie de leur
autorité à telle ou telle personne, elles gardent le contrôle
absolu de ses actes et conservent le droit de révoquer, à
tout instant, le pouvoir qu'elles ont confié. Si donc les
membres des commissions administratives ne veulent
point user des droits que leur reconnaît la loi ; si, plus
timorés que ceux des xve et xvie siècles, les administrateurs
se sentent retenus par des considérations étrangères au
service hospitalier; leur devoir est simple : ils doivent
laisser à d'autres la place qu'ils négligent de remplir. Ainsi
l'argument de M. Ledoux atteint moins les congrégations
hospitalières que les administrateurs qui les emploient.

— Pour moi, continua le préfet, je ne consentirai jamais
à nommer dans les commissions administratives des
hommes qui ne seraient pas décidés à faire respecter
l'autorité dont ils seraient investis et qui n'auraient pas le
ferme vouloir d'administrer *eux-mêmes*. Je n'approuverai
jamais, par exemple, qu'une commission veuille profiter
des facilités que donne l'article 15 de la loi du 7 août 1851
qui permet le système de l'abonnement pour l'administration intérieure des hôpitaux et hospices ! N'ai-je pas vu
(2 ou 3 fois seulement, car de tels cas sont rares heureusement) une Commission traiter avec une Congrégation
qui, moyennant 1 fr. 20 par jour et par malade, (1) prenait
à sa charge la nourriture, l'habillement, le blanchissage,
le chauffage, l'éclairage, l'entretien du mobilier et du cou-
cher, les gages des préposés et les salaires des gens de
services; la Commission payant en plus une indemnité de
vestiaire et un franc par jour et par religieuse, et ouvrant
des crédits annuels pour l'entretien des bâtiments, pour la

_____

(1) Hôpital de V.....

lingerie, les médicaments et appareils, les frais de culte et d'inhumation ! Il va sans dire que ces crédits ne laissaient jamais d'excédent en fin d'exercice. De plus, la Commission abandonnait à la Congrégation tous les produits d'un vaste jardin potager, d'un verger, d'un poulailler, d'une vacherie, qui servaient pour une large part à la nourriture des hospitalisés. La Congrégation, dans ces conditions, acceptait ou refusait les malades, non suivant l'état de leur santé, mais suivant le bénéfice qu'elle en pouvait tirer.

On vint à parler ensuite de l'insuffisance des moyens d'assistance dans ce beau département de Sambre-et-Loire qui paraît cependant si bien pourvu.

— En dehors de nos villes et de quelques gros bourgs, disait M. Brasan, l'assistance n'existe pour ainsi dire pas ; il y a près de la moitié des communes qui n'ont pas de bureau de bienfaisance. C'est d'ailleurs ce qu'on observe dans beaucoup d'autres départements qui même, pour la plupart, n'ont que 32 0/0 de leurs communes qui en soient pourvues. Le nombre total des bureaux pour toute la France est d'un peu plus de 15 000 ; mais si on voulait écarter tous ceux qui n'ont que des revenus tout à fait insuffisants, ce chiffre se trouverait considérablement réduit. N'avons-nous pas des communes de notre département où le revenu annuel du bureau n'est que de 30 francs, voire de 20 et même de 14 francs ? Et si vous voulez que nous ouvrions le dernier volume de la *Situation financière des communes,* je vous montrerai, dans l'Aveyron, trois communes dont les bureaux de bienfaisance ont respectivement six, quatre, et même *trois francs de revenu annuel !*

— Mais, dit M. Ravin, l'esprit de charité n'a pourtant pas diminué dans notre pays ; les donations sont aussi nombreuses qu'autrefois et souvent plus riches et, sans parler d'œuvres nouvelles que nous voyons tous les jours se créer et prospérer, le nombre des hôpitaux a plus que doublé depuis un siècle...

— Sans doute, approuva M. Nemo, mais tout a bien

changé depuis un siècle ! Le mouvement industriel a favorisé les grosses agglomérations, et créé des conditions nouvelles auxquelles l'assistance ancienne n'avait pas à pourvoir ; et puis je vous rappelle qu'il faut songer à notre faible natalité, et s'occuper de l'enfance.

— Evidemment, interrompit M. Ledoux, il y a à faire une loi nouvelle sur l'assistance.

— Et en attendant, reprit le préfet, ne croyez-vous pas que si tous les gens de bon vouloir étaient résolus d'y travailler, on ne pourrait pas essayer d'établir dans ce département une situation de fait, sinon une situation légale, qui permettrait de mieux répartir les ressources de l'assistance, qui assurerait les secours dans tous les cas d'indigence et de besoin réel et, à tout le moins, dans tous les cas de maladie constatée ; il ne faudrait peut-être qu'un peu de volonté...

— Avez-vous un projet demanda M. Ravin ?

— Certes ; et je compte bien le soumettre au Conseil général dans sa session prochaine.

IX

M. Nemo s'avançait beaucoup en affirmant qu'il avait un projet tout prêt, ou plutôt son projet était encore assez vague pour qu'il hésitât à le formuler séance tenante ; et puis il comprenait qu'il lui fallait le concours de tant de bonnes volontés pour aboutir, qu'il sentait la nécessité de s'associer un grand nombre de collaborateurs, de s'assurer, comme il disait, des complices.

Il commença de s'en entretenir tantôt avec un conseiller général, et tantôt avec un autre ; il en parla souvent avec les maires des communes que quelqu'affaire amenait à la préfecture ; il en discuta tel ou tel point de détail avec les membres des commissions administratives qu'il rencontrait ; il écoutait les objections de chacun, prêt à se

rendre à celles qui lui semblaient justes, évitant d'exposer
un plan d'ensemble sous une forme précise et concrète,
mais suggérant des idées dont il laissait tout l'honneur à
ses interlocuteurs dès que ceux-ci les trouvaient à leur
gré ; créant en somme un mouvement qui fut accéléré par
des polémiques de presse, et par une conférence que le
Dr Terrail voulut bien faire à l'Hôtel-de-Ville de Saint-Harmony et dans laquelle, sous prétexte de comparer la chirurgie d'autrefois à celle d'aujourd'hui, il ne laissa pas de
montrer la haute importance sociale des questions d'assistance comme aussi des questions d'hygiène publique.

Il fit tant, qu'un jour l'initiative des projets de réforme
vint d'un groupe nombreux de conseillers généraux qui,
en fin de session, demandèrent au préfet la création d'une
Commission d'études.

M. Nemo répondit qu'il se rendrait très volontiers aux
avis du Conseil et qu'il lui paraissait possible, en effet, de
nommer une grande Commission dont la moitié des membres appartiendrait au Conseil général, les autres pouvant
être choisis parmi les maires, les membres des commissions admistratives, les membres du Conseil central d'hygiène, auxquels il pensait même qu'il serait opportun
d'adjoindre des membres des Comités de patronage de
diverses œuvres privées. Le Conseil général lui donna carte
blanche et vota même, sur la proposition du Dr Terrail qui,
cédant aux instances de ses concitoyens, venait d'être
nommé dans le canton de Beauséjour, un crédit destiné à
payer les frais d'une enquête complète et de voyages
d'études jugés nécessaires.

Les choses, alors, marchèrent rondement ; et la Commission, ayant été constituée, désigna un certain nombre de
ses membres pour entreprendre divers voyages dès le
printemps suivant.

La Commission visita en quelques mois un grand nombre d'établissements hospitaliers soit en France, soit en Europe. Elle vit, au Havre, le nouvel hôpital élevé sous le consulat de M. Siegfried et dont les pavillons séparés s'étagent élégamment sur la côte d'Ingouville ; le dispensaire du Dr Gibert et celui de Mme Engel-Dolfus lui révélèrent un mode d'assistance nouveau d'une incontestable utilité. Elle fut frappée de l'organisation tentée, à Rouen, par l'association du bureau de bienfaisance et des hospices. Dans un département voisin elle étudia le fonctionnement de la loi Roussel dans des conditions quasi parfaites qu'un préfet, philanthrope et plein d'une foi enthousiaste, lui exposa avec l'éloquence chaleureuse qu'il a mise au service des pauvres dans toutes les situations où l'a appelé la confiance du gouvernement.

La Commission s'intéressa, à Cherbourg, à l'orphelinat des garçons de l'hospice qu'on élève pour en faire des marins. En revenant par Chartres, elle visita la salle d'opérations du Dr Maunoury ; et l'architecte du département de Sambre-et-Loire, qui était du voyage, fut d'abord surpris que le devis fût si peu élevé ; mais ce qui bouleversa surtout ses idées architecturales, ce fut d'apprendre que ce devis n'avait pas été dépassé !

A Paris, la Commission étudia longuement le système d'administration de l'assistance, spécial à cette ville ; elle s'intéressa particulièrement à l'hôpital Tenon, à l'hôpital Bichat, à celui des Mariniers ; elle visita le pavillon Tarnier à la Maternité et fit son profit des renseignements que lui fournirent les savants accoucheurs des hôpitaux sur la diminution de la mortalité par l'isolement et l'antisepsie ; elle admira que ces moyens aient successivement abaissé la mortalité : on lui apprit en effet qu'il y a une vingtaine d'années les femmes qui venaient accoucher à la Maternité succombaient dans une proportion de 10 à 30 0[0, que l'isolement des malades atteintes d'affections puerpérales avait fait tomber cette mortalité à 3 0[0 et qu'enfin, en joignant l'antisepsie à l'isolement, on était arrivé à une mortalité de moins de 1 0[0. Les membres de la Commission apprécièrent toute l'importance d'un pareil résultat et comprirent que, dans un pays comme le nôtre, où la natalité est si faible, il ne suffit pas de protéger l'enfant à sa naissance, mais qu'il faut aussi et d'abord conserver la vie de la mère et, avec elle, l'espoir de naissances ultérieures.

La Commission admira la belle ordonnance architecturale et le confortable intérieur de nos grands asiles de convalescents de Vincennes et du Vésinet ; l'un de ses membres fit remarquer que l'assistance donnée à l'hôpital était une assistance incomplète, si on mettait sur le pavé le malade guéri mais encore trop faible pour reprendre le labeur journalier, la profession souvent pénible et pour laquelle l'ouvrier n'a pas trop de toutes les forces de la santé. Ils convinrent tous que des asiles de convalescents devraient se trouver à portée de tous les grands hôpitaux, surtout dans les villes industrielles comme Saint-Harmony.

Elle mit aussi à profit son séjour à Paris pour visiter les beaux dispensaires de Mme Furtado-Heine, de M. Pereire, de M. Ruel, et celui que le Dr Dubrisay a créé dans le premier arrondissement. — Elle visita les asiles de la Seine, la maison de retraite des petits ménages et celle de Sainte-Périne, les établissements nationaux pour l'éducation des sourds muets et des aveugles ; elle admira sans réserve la générosité avec laquelle la grande ville avait pourvu à l'assistance des enfants moralement abandonnés.

A Lyon, elle fut particulièrement frappée de la part que tous les administrateurs des hospices prenaient effectivement à l'administration ; et chacun de ses membres convint, à part soi, qu'il était bien loin d'en être de même dans les établissements de Sambre-et-Loire et de plusieurs autres départements.

A Beaune, la Commission considéra les vastes proportions de l'hospice et le cube d'air important dont profite chaque malade ; mais peut-être le vieux vin de l'établissement, dont elle avait goûté préalablement à sa visite, fut-il pour quelque chose dans la bonne impression qu'elle en rapporta.

A Montpellier, le nouvel hôpital suburbain était déjà en construction. Le système de l'ingénieur Tollet, avec ses formes ogivales, l'étonna un peu ; elle se rendit compte cependant que c'était, dans certains cas, le moyen d'assurer au personnel hospitalisé le plus grand cube d'air pour une surface murale déterminée. Toutefois elle estima, non sans raison, que le système ogival était inutile et même gênant quand il s'agit de bâtiments réservés aux services généraux ; là en effet la question du cube d'air disponible est secondaire, et la bonne distribution des locaux doit primer tout le reste.

A Bordeaux, la Commission fut frappée de la bonne tenue de l'Etablissement National des sourdes-muettes et félicita vivement la sœur supérieure ; mais l'excellente femme ne fut pas autrement touchée de ces éloges, car elle a accoutumé d'en recevoir et, malgré sa modestie, elle ne peut ignorer qu'elle les mérite.

Si la Commission ne fut pas charmée par l'aspect lamentable de l'hospice de la Charité de Marseille, elle y apprit qu'on projetait de faire, à Sainte-Marguerite, un hospice neuf, tout à fait modèle, qui a été construit depuis, mais n'a réalisé qu'en partie son programme.

A Grenoble, elle visita la *Nursery municipale* et éprouva le vif désir de perfectionner au plus tôt les crèches de Saint-Harmony et de Sérullac.

A Lille, les délégués visitèrent l'hôpital Sainte-Eugénie qu'ils trouvèrent monumental et imparfait ; mais ils furent surtout intéressés par l'orphelinat Stappaert, et par celui des *Bleuets* réservés aux enfants de familles bourgeoises. Il leur parut que c'était une bonne œuvre d'empêcher les déchéances absolues des familles ; — ils devaient retrouver un peu plus tard, en Autriche, des institutions du même ordre.

La Cité philanthropique qui appartient au bureau de bienfaisance de Lille attira aussi leur attention, et ils virent là une forme d'assistance très intéressante, dont ils retrou-

vèrent l'analogue, en Angleterre, dans les constructions
élevées avec les fonds du legs Peabody.

Çà et là, dans d'autres villes, ils découvrirent des faits
dignes d'être notés, étudiés ou imités ; ils virent aussi que
dans beaucoup d'endroits on était aussi mal organisé et
outillé que dans le département de Sambre-et-Loire, mais
ils ne songèrent pas à conclure que tout était chez eux
pour le mieux puisqu'on trouvait aussi mal dans d'autres
départements, car c'étaient des gens sensés, tout à fait in-
capables de s'excuser de leurs fautes en confessant les
fautes d'autrui.

Leur voyage à l'étranger fut plein d'enseignements. Ils
purent constater ce qu'il y a d'exagéré à croire que tout
est mieux chez nos voisins que chez nous ; cependant ils
ne laissèrent pas de noter ce qui leur parut un progrès.

En Angleterre, les hôpitaux flottants les étonnèrent un
peu et, bien qu'il n'y eut là rien qui fût applicable au département de Sambre-et-Loire qui, comme chacun sait, ne
touche la mer par aucun côté, ils rapportèrent les plans
des hôpitaux le *Castalia* et l'*Atlas* qu'ils se proposaient de
communiquer aux administrateurs des hospices de Toulon,
de Marseille, de Bordeaux, du Havre, de Lorient et de
quelques autres villes maritimes.

A Berlin, ils s'intéressèrent à l'agencement de l'hôpital
Moabit, réservé aux maladies contagieuses et épidémiques,
et, dans le même ordre d'idées, ils étudièrent avec curiosité
les hôpitaux et pavillons d'isolement de l'Allemagne,
l'hôpital des varioleux de Munich, celui de Francfort sur
le Mein et quelques autres ; ils rapportèrent aussi le plan
de celui de Gottembourg en Suède, et les plans et devis
des hôpitaux barraques de Saint-Pétersbourg et de Buda-
Pesth.

A Bruxelles, l'un des échevins, qui les accompagnait
obligeamment, les fit assister dans une école à la distribution faite, chaque matin, aux élèves faibles ou lymphatiques
et d'après l'ordonnance d'un médecin spécial, de vin de

quinquina, de fer, d'huile de foie de morue. M. Ledoux, qui était à Saint-Harmony un conseiller municipal très économe des deniers de la ville, s'étonna que la municipalité de Bruxelles se chargeât de tels frais qui devaient être fort élevés ; mais il fut vite convaincu que ce n'était pas là une charge sans compensation, — la ville de Bruxelles estimant que l'argent ainsi employé préventivement constituait pour l'avenir une économie sur les dépenses de l'assistance auxquelles elle avait à pourvoir.

Chaque nouvelle visite, élargissant le champ de leurs idées, conduisait les membres de la Commission à mesurer l'étendue de l'ignorance qu'ils avaient eue jusque-là en matière d'assistance ; mais ils confessaient chaque jour qu'ils ne pouvaient mesurer ce qui leur restait à apprendre. Au reste ils étaient émerveillés et touchés profondément des efforts qu'on avait faits partout en vue de la charité, et ils en arrivaient à penser comme Voltaire : « que l'homme « n'est pas si méchant qu'on le dit et que, malgré toutes « ses fausses opinions, malgré les horreurs de la guerre « qui le changent en bête féroce, on peut croire que cet « animal est bon, et qu'il n'est méchant que quand il est « effarouché, ainsi que les autres animaux ».

Dans les asiles d'aliénés ils firent une ample moisson de documents utilisables. Ils avaient vu les principaux établissements destinés aux aliénés dans notre pays ; ils avaient vu à Saint Yon, dans la Seine-Inférieure, la magnifique piscine et la luxueuse installation hydrothérapique ; ils avaient constaté que le service de surveillance de nuit y était contrôlé par un système ingénieux de *compteurs de ronde*, enregistreurs automatiques dont ils avaient trouvé un perfectionnement à Lhommelet (Nord) chez les frères Saint-Jean de Dieu ;'ils n'avaient pas caché leur surprise de ne rien rencontrer de semblable ni à Charenton, ni dans les magnifiques asiles de la Seine. Ils trouvèrent la surveillance plus complète à Vienne et à Buda-Pesth ; ils firent même emplette d'une montre utilisée à Vienne pour s'assurer que le veilleur ne cède point au sommeil. Ils furent également surpris, dans l'asile d'aliénés de cette dernière ville, de ne trouver aucun moyen de contrainte pour les aliénés ; et comme ils demandaient s'il n'y avait pas de camisoles de force, le Dʳ Gauster, médecin-directeur, leur répondit qu'il en existait en effet, une seule, qui se trouvait au musée de l'établissement ; et il la leur montra.

A Buda-Pesth ils prirent le dessin d'un lit à colonnes et à entourage de filet utilisé pour certains agités ; au manicome de Turin ils constatèrent le bon usage qu'on faisait, pour les épileptiques, d'un lit à parois hautes faites de mailles d'acier très souples.

La colonie d'aliénés de Gheel en Belgique ne leur parut pas donner les bons résultats qu'on leur avait annoncés. En Angleterre, ils s'assurèrent que les asiles volontaires pour les ivrognes n'avaient jamais guéri personne de l'ivrognerie.

La Commission d'assistance de Sambre-et-Loire, au cours de ses voyages d'étude, eut quelques étonnements dont elle garda le souvenir.

Les membres qui la composaient avaient bien vu qu'il n'y a dans les hôpitaux d'Angleterre et de Danemarck qu'un personnel laïque ; mais à Vienne, dans la ville la plus catholique de l'Europe, ils furent très surpris de ne pas trouver de religieuses à l'hôpital général ; pourtant ils ne purent s'empêcher de constater que le service était très correctement fait par ces robustes filles qu'ils voyaient aller et venir par les salles, vêtues d'une robe claire, coiffées d'un bonnet blanc assez coquet, les bras nus jusqu'au coude, et portant en brassard, ou en broche sur la poitrine, un bijou indicatif de leur grade. Ils apprirent que ces filles faisaient des études spéciales et que les médecins et chirurgiens attachaient un grand prix à leur concours.

Ils avaient vu déjà des écoles d'infirmières à Paris et à Londres et ils commencèrent à croire que ça n'était pas là une nouveauté inutile.

Un autre étonnement les avait frappés à Paris, précisément quand après avoir assisté à un cours de l'école d'infirmières de la Salpêtrière ils avaient, le lendemain, été
conduits, par le médecin à qui on doit cette école, dans le
quartier des petits idiots de l'hospice de Bicêtre. Ce médecin, qui est le chef de ce service, avait une assez mauvaise réputation auprès de diverses personnes en Sambre-
et-Loire; lesquelles personnes, sur la foi de journaux qui se
disaient bien informés, imaginaient volontiers que ce fût
l'Ante-Christ! Certes la Commission n'avait pas de telles
idées, mais elle ne pouvait se défendre néanmoins d'une
certaine prévention : tant est grande la puissance de la
presse! Or quand ils virent de quel dévouement ce médecin
soignait ses malades, de quelle affection il les entourait, et
quelle reconnaissance ils lui avaient de ses soins, et quelle
joie c'était pour eux que sa visite journalière, les délégués
convinrent que la presse était parfois excessive dans ses
appréciations et que, décidément, il peut se trouver d'honnêtes gens même parmi les hommes dont on ne partage pas
toutes les idées. — C'est avec cette pensée qu'il rentrèrent
dans leur pays.

J. J. Rousseau a dit que voyager pour voyager c'est
errer, être vagabond ; que voyager pour s'instruire est
encore un objet trop vague parce que l'instruction qui n'a
pas un but déterminé n'est rien. Les membres de la Commission d'assistance de Sambre-et-Loire avaient voyagé
comme il plaisait à Jean-Jacques; ils avaient un but et
avaient tiré grand profit de leurs pérégrinations. Ils y
avaient aussi trouvé quelqu'agrément, encore que plusieurs
pensassent comme Mme de Genlis, que le plus grand plaisir des voyages est de rentrer chez soi.

X

La foire annuelle de Saint-Harmony se tient à la fin du mois d'août, entre la moisson et la vendange. Elle était autrefois très importante ; on y venait, de très loin, commercer ou s'amuser, et elle pouvait alors rivaliser avec les foires célèbres de l'Allemagne et de la Russie, ou avec celles de Saint-Denis, de Troyes, de Beaucaire et de Guibray près de Falaise.

C'est encore aujourd'hui une assemblée régionale très courue où l'on vient acheter ou vendre les produits les plus variés du sol ou de l'industrie ; un fourmillement humain très gai, très pittoresque, de marchands qui trafiquent, de larrons cherchant fortune et faisant de toute foire une *foire d'empoigne* comme on disait au temps de celle qui se tenait à Saint-Laurent. D'aucuns y viennent pour se faire voir ; d'autres pour regarder curieusement et s'instruire. Les blouses et les redingotes s'y mêlent dans une plaisante égalité ; les filles y montrent leurs toilettes neuves, et les garçons y regardent les filles ; les candidats y distribuent des poignées de main ; et tout ce monde va, vient, revient, passe, repasse, se presse, se bouscule, dans une atmosphère qui sent la friture et la galette, sous le ciel bleu et le chaud soleil, au son des grosses caisses et des instruments de cuivre qui accompagnent la voix enrouée des bonisseurs campés sur le seuil des barraques et des charlatans uchés sur leurs voitures.

A voir cette cohue bigarrée, affairée, où l'on rit, où l'on crie, où l'on chante, où l'on pleure, où l'on s'embrasse, où l'on se bat, on comprend que Pythagore ait dit qu'une foire est l'image de l'humanité tout entière.

Ce fut le moment de cette grande affluence annuelle qu'on choisit pour exposer dans une des nouvelles salles du musée de Saint-Harmony, qui n'était pas encore décorée, tous les objets et documents que la Commission d'assistance publique avait rapportés de son voyage d'étude : plans, vues cavalières, maquettes, dessins d'hôpitaux, d'hospices et d'asiles ; modèles de mobilier et de literie ; tableaux statistiques, graphiques et diagrammes ; et comme il n'en coûtait rien pour visiter, on entrait volontiers dans cette petite exposition et on en sortait sans avoir à regretter son argent. Ce n'était pas une attraction particulièrement folâtre, mais c'était une chose nouvelle qu'on voyait gratuitement. D'ailleurs les membres de la Commission donnaient gracieusement des explications et faisaient de véritables petites conférences que quelques-uns suivaient avec intérêt et une curiosité sympathique, tandis que beaucoup de braves gens écoutaient bouche bée, simplement ahuris, s'en allant sans avoir compris, mais sans l'oser dire. Toutefois, pour ceux-là même tout n'était pas perdu, car en lisant ensuite chez eux les chroniques des journaux locaux qui rendaient compte de cette exposition, ils apportaient une attention plus vive à leur lecture et se félicitaient d'avoir vu de leurs yeux toutes ces choses dont on parlait. C'est ainsi que souvent nous nous intéressons à tel menu fait qui vient de se produire dans une ville que nous connaissons seulement pour y avoir passé une heure entre deux trains. La scène qu'on nous conte nous frappe parce que nous en revoyons le décor.

Cette exposition dura environ un mois, puis au commencement d'octobre elle cessa d'être publique et, revenus des villes d'eaux ou de leur maison de campagne, les membres de la Commission se mirent résolument au travail au milieu même des documents qu'ils avaient rapportés.

Je n'entreprendrai pas de faire croire que ce travail fut aisé ni que les discussions auxquelles il donna lieu furent toujours calmes : on se disputa quelquefois vivement, je l'avoue en toute franchise ; il y eut des séances très chaudes ; mais grâce au bon vouloir de tous, grâce aussi à l'esprit conciliateur du préfet qui présidait le plus souvent, on finit par tomber d'accord, pour commencer, sur l'organisation d'un service d'assistance médicale gratuite, afin qu'aucun malheureux ne pût succomber faute d'avoir été soigné dans l'occasion comme il était utile, et qu'on ne pût dire qu'on avait failli dans le département de Sambre-et-Loire à garder aux pauvres la santé qui est leur seule richesse.

Mais avant que d'en venir au récit de ces discussions et à l'exposé du système qui prévalut dans la Commission il est juste de dire que, pendant tout ce temps de voyages préliminaires et d'études consécutives, M. Nemo n'était pas resté inactif et qu'il avait pris quelques bonnes mesures qui devaient faciliter ultérieurement et simplifier le service médical gratuit.

Le préfet de Sambre-et-Loire s'était dit que s'il était juste de soigner les pauvres dans leurs maladies, et de les assister dans leur indigence, il était juste aussi et logique de chercher à rendre plus rares les occasions de contracter les maladies ; que c'était ménager singulièrement les ressources de l'assistance que de diminuer les occasions de les employer. Il était conscient de cette vérité que l'hygiène et l'assistance se trouvent intimement liées par des intérêts communs, et que ce qu'on dépense pour la première est économisé par la seconde. Bien plus il calculait qu'à déplacer ainsi la dépense on trouvait aisément un *boni*. En effet, si une dépense d'hygiène X a préservé un homme d'une maladie, et que nous supposions que cette dépense soit égale précisément à celle qu'il eût fallu pour que l'assistance publique lui donnât des soins, nous ne pouvons pas en conclure que la perte soit égale ; par ce que la dépense d'assistance se complique de la perte du travail qu'aurait fourni le malade pendant un nombre de jours déterminé, valeur que nous représentons par Y quand le malade guérit, plus une perte définitive Z quand le malade succombe ; si bien que la dépense d'hygiène nécessaire à préserver cet homme d'une maladie étant X, la dépense

correspondante d'assistance est X + Y ou même
X + Y + Z.

M. Nemo s'efforça de convaincre les municipalités de
cette vérité et de les engager à faire pour leur assainisse-
ment les dépenses nécessaires qui, en définitive, n'étaient
que des avances que le temps leur rembourserait avec intérêt. Malheureusement il ne pouvait là que prêcher la
bonne parole et, sauf dans quelques cas, il devait parler au
nom de l'humanité et non en celui de la loi. Le moindre
article du code ferait plus de besogne en ces matières que
l'éloquence la plus convaincue et la plus persuasive. Or,
souvent la loi est muette, ou bien elle est facultative, ce
qui ne vaut guère mieux. Nous avons par exemple une loi
du 13 avril 1850 sur les logements insalubres ; mais, outre
qu'elle est bien imparfaite, les communes sont laissées
libres de l'appliquer ou de la considérer comme nulle et
non avenue; il y a donc 5 ou 6 communes en France
qui ont des Commissions des logements insalubres sur
36.117 ; et il y a par conséquent 36.111 ou 36.112 communes
pour lesquelles la salubrité de l'habitation n'a aucune espèce
d'intérêt. Ce n'est vraiment pas la peine de légiférer pour
de si minces résultats.

Saint-Harmony avait bien une Commission des logements
insalubres, mais elle existait seulement sur le papier, ses
réunions étaient fort rares, elles n'avaient lieu que sur
convocation spéciale, et il se passait quelquefois plusieurs
années sans qu'on songeât à la réunir. Il fallait une occasion pour cela : une épidémie de choléra ou de fièvre ty-
phoïde. Les autres villes du département n'en avaient
point ; et d'ailleurs il n'était guère possible dans les petits
endroits d'exiger qu'un certain nombre de citoyens pres-
criraient à leurs voisins et amis des travaux d'assainisse-
ment, des curages de puits ou de fosses à purin, des blan-
chiments de murs, des lambrissages dans les pièces à
rez-de-chaussée, des réfections d'enduits, des percements
de croisées, etc. ; toutes choses dispendieuses qu'on redou-

tait chez les petits propriétaires économes, et si on avait
dû faire ces dépenses, on aurait gardé bonne rancune à
ceux qui, au nom de la loi, les auraient demandées.

Aller s'attaquer à la propriété bâtie, habitée depuis longtemps, était une chose vraiment difficile ; mais il parut à
M. Nemo qu'il serait plus aisé d'édicter des conditions de
salubrité pour les constructions neuves et que de ce côté
on rencontrerait moins de résistance ; aussi réussit-il à
persuader aux maires de Saint-Harmony, de Séruliac et de
Beauséjour de faire des règlements municipaux pour les
constructions neuves, estimant que l'éducation de la salubrité de l'habitation se ferait ainsi petit à petit. Il semble
aujourd'hui, après quelques années seulement d'observance
de ces règlements, que les prévisions du préfet finiront par
se réaliser. En attendant il se montre très sévère dans les
questions de voirie ; il encourage le Conseil d'hygiène dans
l'étude des questions relatives à la salubrité des industries ;
c'est certainement sous son inspiration que la ville de Séruliac a refait son réseau d'égouts, que Rouvrebose a
maintenant des champs d'épuration, que Saint-Harmony a
un bureau d'hygiène. Mais M. Nemo gémit encore de ne
pouvoir faire pour l'hygiène publique tout ce qu'il souhai-
terait. D'ailleurs, l'historien s'écarterait de son sujet s'il voulait raconter ici quels moyens il a essayé d'employer pour
suppléer à une loi absente, et non sans succès dans quelques cas. Il revient donc dans son chemin.

M. le préfet de Sambre-et-Loire estimait que le travail
le plus urgent que devait mener à bien la Commission
d'études, c'était l'organisation de la médecine gratuite.
Toutefois, il se disait aussi que si on pouvait réduire au
minimum la clientèle de ce service, ça serait déjà faire un
pas important, car il n'était pas probable que les ressources
en fussent jamais très considérables ; — on verra plus tard
qu'il se trompait en cela, mais aussi ne pouvait-il pas
compter sur l'imprévu. Or, le meilleur moyen qui s'offrait
de diminuer le nombre des pauvres aux soins desquels la

Napias.   4 médecine gratuite aurait à pourvoir, c'était d'augmenter le nombre de ceux que la *Mutualité* empêcherait de tomber dans la misère. Développer les sociétés de Secours mutuels, augmenter le nombre de leurs adhérents : telle était la première tâche à accomplir. Les Sociétés de mutualistes peuvent en effet jouer, vis-à-vis des institutions d'assistance, le rôle préventif que joue l'hygiène par rapport à la thérapeutique.

Les Sociétés de Secours mutuels ont pris dans notre pays, depuis les vingt dernières années surtout, une importance considérable ; on n'en comptait que 45 au commencement du siècle; il y en avait environ 2000 en 1850; il y en a aujourd'hui 8.000 qui comptent un total de 1.400.000 sociétaires. Elles distribuent 20.000.000 de secours et d'arrérages chaque année; elles possèdent des fonds de réserve pour une somme de 85 millions environ, plus 60.556.933 francs de fonds de retraites.

Le département de Sambre-et-Loire avait alors une centaine de sociétés organisées ; c'étaient pour la plupart des sociétés communales et aussi un petit nombre de sociétés corporatives : société des mineurs, des mégissiers, des sapeurs pompiers de Saint-Harmony, des terrassiers de Sérullac, etc. Ces sociétés vivaient chichement étant peu nombreuses. M. Nemo souhaitait de voir se créer deux grandes sociétés qui réuniraient, l'une les *ouvriers industriels*, l'autre les *ouvriers agricoles*; il estimait que le nombre des adhérents pourrait devenir suffisant dans chacune d'elles pour qu'on pût espérer de les voir donner des pensions de retraite à leurs membres; il pensait d'ailleurs que c'était seulement avec des sociétés nombreuses et par conséquent riches qu'on pouvait organiser un service médical convenable et convenablement rétribué, car il savait que beaucoup de petites sociétés ne vivent qu'aux dépens du désintéressement excessif des médecins. Dans les grandes sociétés au contraire les ressources sont suffisantes pour donner au médecin les honoraires qui lui sont légitime-

ment dus et pour payer les pharmaciens, sans excepter, des
remèdes qu'ils peuvent fournir, certaines drogues d'un prix
de revient élevé et qui peuvent souvent être indispensables
à un traitement rationnel; c'est ainsi par exemple qu'une
importante société dont il avait étudié le fonctionnement,
la *Société de l'Union du Commerce*, ayant environ 11.000 adhérents et ayant un budget annuel de plus de 300.000 fr.,
paie annuellement environ 50.000 francs à ses médecins
et près de 70.000 francs aux pharmaciens, sans compter une
quarantaine de mille francs aux maisons de santé ou de
convalescence qui reçoivent les sociétaires, et des frais
d'inhumation qui atteignent 14.000 francs.

On avait bien songé autrefois à faire dans Sambre-et-
Loire une société de Mutualité agricole, mais on avait
échoué dès le début, le ministère ayant à cette époque mis
des obstacles à la création d'une société départementale,
en se basant sur l'article premier du décret-loi organique
du 20 mars 1852, qui semble indiquer que ces sociétés doivent avoir un caractère exclusivement communal, spéci-
fiant que : « toutefois une seule société pourra être créée
« pour deux ou plusieurs communes voisines entre elles,
« lorsque la population de chacune sera inférieure à
« 1.000 habitants ».

M. Nemo estima justement que le gouvernement actuel
ne mettrait pas d'opposition à la création des sociétés plus
étendues et que ce qui existe en quelques départements
pour les cantonniers et les instituteurs pouvait exister tout
aussi bien pour les ouvriers de l'Industrie ou de l'Agricul-
ture. La société de l'*Union du Commerce* est d'ailleurs un
exemple de société départementale qui fonctionne depuis
longtemps ; l'article premier des statuts de cette société est
en effet ainsi conçu : « une association est établie par les
« présents statuts entre les employés et les comptables des
« maisons de commerce de gros et de détail des tissus, de
« l'article de Paris et des matières qui servent à la fabrica-

« tion des tissus, ainsi que des maisons de banque *du dé-*
« *partement de la Seine.* »

Grâce à l'initiative des députés et de plusieurs conseillers
généraux du département, les deux sociétés furent fondées
et leurs statuts approuvés : les riches industriels, les gros
propriétaires se firent inscrire comme membres honoraires
à l'une ou à l'autre, — voire à toutes les deux, — et précisément au moment de la foire de Saint-Harmony dont nous
parlions au début de ce chapitre, les sociétés de Secours
mutuels s'étant réunies en une sorte de Congrès à l'insti-
gation discrète du préfet, on put voir défiler dans les rues
du chef-lieu, à la grande admiration des badauds, les mutualistes portant les bannières de leurs sociétés parmi lesquelles la bannière verte et or des *ouvriers agricoles* et la
bannière bleue et argent des *ouvriers industriels* brillaient
de l'éclat de leur nouveauté.

Elles étaient alors peu nombreuses ces sociétés naissantes;
aujourd'hui elles comptent respectivement 15 000 et 8.000
membres et elles continuent de se recruter régulièrement.

Il se présenta au moment de leur fondation un petit
incident qui ne saurait être oublié ici. Quand on montra à M. Nemo le projet de statuts de ces sociétés, il remarqua qu'il y était spécifié qu'il n'était dû aucun secours aux membres atteints de variole à moins qu'ils ne
justifiassent qu'ils avaient été vaccinés; il lui parut qu'il
serait préférable de ne pas faire cette exception et de modifier l'article en disant que les membres devaient, à leur
entrée dans la société, se soumettre à une revaccination.
Ainsi fut fait ; et ça été une mesure excellente puisqu'on n'a
depuis lors eu à déplorer aucun décès par variole dans ces
sociétés qui comptent à elles deux plus de 23.000 membres.
Il ne semble pas que cet exemple si heureux ait été imité
dans les sociétés qui se sont créées depuis dans les autres
départements.

M. Jacques Nemo constata aussi une autre clause excep-
tive pour les maladies *provenant de la débauche*, et il apprit

qu'en effet dans la plupart des sociétés do secours mutuels existantes, on ne soigne pas les vénériens. C'est par là seulement, paraît-il, qu'on constate la débauche; si bien qu'un ouvrier marié peut se griser abominablement le jour de la paie et, roulant dans un ruisseau ou s'endormant sur un trottoir, contracter une bronchite qui lui donne droit à tous les secours, tandis qu'un autre ouvrier célibataire et sobre, mais dont le cœur a été malencontreusement tendre, se voit refuser les secours pour cause d'uréthrite. Le préfet de Sambre-et-Loire remarqua alors que ces exceptions se trouvaient inscrites dans les statuts-modèles que le ministère adresse aux personnes qui désirent fonder une société de Secours mutuels. Ces statuts-modèles sont contemporains de la loi de 1852. Les préoccupations auxquelles obéissait le rédacteur des dits statuts n'avaient sans doute rien de commun avec les idées actuelles d'assistance médicale. Il ne s'adressait pas à ces malades *très précieux* à qui Rabelais contait, en son gentil langage, tant de choses profondes, philosophiques et si joyeuses ;— d'ailleurs, il n'écrivait pas du même style.

XI

Le service médical gratuit existe dans la moitié environ des départements français; mais son existence est souvent précaire et son fonctionnement insuffisamment assuré. Il rend pourtant, tel quel, d'assez bons offices aux pauvres pour qu'on souhaite de le voir développer.

Les membres de la Commission de Sambre-et-Loire avaient, dans leurs voyages, étudié ce service dans un certain nombre de départements; ils s'étaient en même temps procuré des renseignements sur ce qui se faisait dans les autres, et ils constataient de telles différences dans les modes d'organisation, qu'ils eurent d'abord quelque peine à pégager les inconvénients et les avantages des divers systèmes qu'on préconisait. Ce qui se rencontrait dans toutes ces organisations c'est que, moyennant une contribution communale et une subvention départementale, on constituait un fonds commun destiné au paiement des dépenses du service ; seulement la quotité de cette contribution et de cette subvention variait à l'infini. Dans tel département on donnait une contribution fixe par habitant ; dans tel autre la contribution communale était basée non sur le chiffre de la population totale, mais sur celui de la population indigente. Dans la Meuse, par exemple, les communes payaient 15 francs pour 1 à 5 indigents inscrits, 20 francs pour 6 à 10, 25 francs pour 11 à 15, et ainsi de suite en augmentant de 5 francs pour moins de 6 indigents en plus. Toutefois, au-delà de 30 indigents, l'augmentation n'était plus que de 5 francs par dizaine : si bien qu'on versait 40 francs pour 30 indigents et 45 francs pour 40 ; etc.

La subvention départementale variait aussi dans de larges limites puisque, d'après les documents que la Commission avait en main, elle était de 3,000 francs dans les Vosges, de 14,000 dans le Loiret, la Haute-Garonne, l'Allier et la Loire, de 20,000 dans la Gironde, de 23,000 dans Saône-et-Loire et Seine-et-Oise, de 24,000 dans l'Isère, de 28,000 dans l'Ille-et-Vilaine.

Le recrutement des médecins du service ne se montre pas moins variable dans les départements, et de plus ces médecins sont appelés partout de noms différents : dans les Hautes-Alpes et dans les Basses-Alpes ils s'appellent *médecins cantonaux*, comme autrefois en Alsace où le service de la médecine gratuite existait dès le premier tiers de ce siècle et avait reçu une organisation cantonale ; dans l'Aisne et le Pas-de-Calais ce sont des *médecins de bienfaisance* ; dans la Gironde, la Meuse, Seine-et-Oise, on les nomme *médecins des pauvres* ; dans la Somme ce sont des *médecins de charité* ; dans les Vosges ils portent le titre de *médecins du service sanitaire*, et dans Meurthe-et-Moselle celui de *médecins de l'assistance publique*. Ces médecins sont rétribués tantôt au moyen d'une indemnité fixe qui varie avec l'étendue de leur circonscription, tantôt suivant le chiffre de la population, tantôt suivant le nombre des malades qu'ils soignent et des visites qu'ils font. Dans l'Aisne ils reçoivent 1 fr. 50 ou 2 francs par an et par indigent inscrit, suivant qu'ils se bornent à donner leur consultation ou qu'ils fournissent en même temps les médicaments ; ils ont de plus 20 centimes par kilomètre, au-delà de 4 kilomètres ; dans l'Ille-et-Vilaine, le médecin reçoit 60 centimes par an et par indigent, ou 90 centimes quand il fournit les médicaments.

Quels médicaments fournit-on pour ces sommes minimes je l'ignore. Je suis sûr que ce sont toujours ceux qui conviennent, mais je doute que la cocaïne entre pour quelque chose dans les formules favorites des médecins du service.

Dans les Hautes-Alpes, dans le Doubs, dans la Haute-Garonne, les médecins reçoivent une indemnité annuelle fixe qui varie de 100 à 600 francs. Dans le Cher c'est aussi une indemnité qui varie de 60 à 300 francs ; il est vrai que les médecins du service touchent aussi 1 franc par trimestre pour visiter chacun *des enfants secourus* de leur circonscription et 3 francs par trimestre et par enfant protégé par la loi Roussel. Cette réunion de fonctions diverses entre les mains des médecins du service de la médecine gratuite parut heureuse aux membres de la Commission d'assistance de Sambre-et-Loire ; ils trouvèrent quelque chose d'analogue dans quelques autres départements, et particulièrement dans les Vosges.

Dans l'Oise, dans l'Allier, et ailleurs, les médecins sont payés à la visite, très faiblement hélas ! encore ne leur donne-t-on pas toujours, avec le prix si minime de la visite (0,50 centimes ou 1 franc !), une indemnité de déplacement comme dans les Vosges ou dans l'Aisne. Il est vrai que cette indemnité peut être elle-même tout à fait dérisoire, et que dans un département elle est fixée à cinq centimes par kilomètre, retour compris ! Y a-t-il quelque part un commissionnaire qui accepterait pour les courses qu'il fait ce tarif kilométrique ? Essayez quelque jour de faire une telle proposition à celui qui stationne au coin de votre rue, battant la semelle sur le trottoir, les jours d'hiver, à courte portée du marchand de vins, et vous verrez l'accueil qu'il vous réserve. N'allez pas surtout lui dire que des gens, qui ont passé 15 ans au collège et dans une faculté pour obtenir un morceau de parchemin qui leur revient à 20,000 francs au minimum, acceptent ce salaire qu'il refuse ; il croirait que vous vous moquez de lui et peut-être vous ferait un mauvais parti, s'il ne se sentait retenu par les traditions d'honnêteté de la corporation, et par le respect de la plaque de cuivre qu'il porte sur sa veste de velours bleu, et qui lui a coûté 40 sous.

Il est juste de constater que dans certains départements on a compris que la situation faite aux médecins, sans être à la hauteur des services qu'ils rendent, devait être cependant honorable, et que dans les Alpes-Maritimes on essaie un mode d'organisation qui permet d'assurer au médecin de chaque circonscription des honoraires dont le total annuel est de 2 à 3,000 francs.

C'est ainsi qu'on entendait agir dans Sambre et-Loire, en prenant toutefois pour base le mode d'organisation des Vosges. Voici, d'après les explications que leur avaient obligeamment fournies les Drs Lardier et Liétard, quel était ce mode d'organisation.

Les *communes* adhérant au service forment entre elles un syndicat. Pour subvenir aux frais du service médical, elles votent chaque année une subvention de 7 centim. 1/2 *par tête d'habitant*. Les fonds sont versés à une caisse centrale, dont l'administration préfectorale garde la gestion.

La liste des indigents est dressée tous les ans dans chaque commune, par les soins du Conseil municipal. Elle est soumise avant d'être approuvée par le préfet à l'appréciation des médecins de la circonscription. Dans le courant de l'année, de nouveaux indigents peuvent être ajoutés à cette liste, après entente préalable du maire de la commune à laquelle appartient l'indigent et du médecin du service, chargé des soins. Les indigents payant plus de 6 francs de contribution ne peuvent être portés sur la liste officielle que dans des cas très exceptionnels.

Tous les médecins ayant accepté les statuts font de droit partie du service. Ils donnent, à jours et à heures fixes, des *consultations gratuites* aux indigents de leur rayon. Lorsqu'un indigent malade ne peut se transporter au domicile du médecin, il fait appeler, par le maire de sa commune, le médecin de son choix.

La *rémunération* des médecins du service est effectuée de la manière suivante : Les consultations sont gratuites. Les déplacements sont payés à raison de 1 franc par kilomètre (aller seul compris) et de 1 franc par visite. Pour les opérations les médecins se conforment à un *tarif particulier*, accepté par eux et par l'Administration préfectorale.

Tous les ans, les médecins du service présentent à l'Administration la note de leurs honoraires, en ajoutant, comme pièces à l'appui, la réquisition du maire. Au cas où les fonds centralisés ne suffisent pas à régler intégralement la totalité des honoraires demandés, les médecins acceptent de subir une retenue proportionnelle, de manière à ce que jamais, dans aucun cas, le budget ne puisse se trouver en déficit.

Les médecins du service sanitaire des Vosges, en dehors de l'assistance médicale des indigents à domicile, sont chargés de l'inspection médicale des écoles, de l'inspection des enfants du 1er âge, des vaccinations, etc., services dont quelques-uns sont rémunérés au moyen de budgets spéciaux.

Le système d'assistance des Vosges a cela d'excellent qu'il laisse le malade indigent libre de choisir son médecin et que, d'autre part, il assure au médecin une rétribution proportionnelle aux services rendus ; nous disons *proportionnelle* et non *équivalente*, car le budget du service est

assez pauvre ; il se compose en effet de 9,484 fr. 14 payés
par les communes, 3,000 francs payés par le département,
900 francs par l'Etat, 1,260 fr. 75 par les bureaux de bienfaisance à titre de subvention, soit au total 14,937 fr. 75,
qui sont employés presque entièrement au paiement des
visites médicales ; la fourniture des médicaments délivrés
aux indigents sur ordonnance restant une charge communale, ce qui parut, aux membres de la Commission d'études
de Sambre-et-Loire, un procédé absolument défectueux.

Pour être en situation de décider ce qu'il convenait de
faire dans le département de Sambre-et-Loire, il fallait se
demander quelles seraient les dépenses probables du service de la médecine gratuite, c'est-à-dire qu'au lieu de procéder empiriquement en fixant a priori une somme dont
on ferait tant bien que mal la répartition, il fallait rechercher avant tout le nombre des indigents auxquels le service
serait applicable, le nombre probable de malades qu'ils
fourniraient chaque année, etc.

La proportion des indigents à la population totale n'est
pas si aisée à établir qu'on le pourrait croire ; les hommes
les plus éminents ont varié dans cette appréciation : Gé-
rando, en 1819, estimait que la proportion des indigents
était de 20 0/0 dans les villes et 2 0/0 seulement dans les
campagnes ; Watteville affirmait en 1844 que le nombre des
indigents était en moyenne de 3 0/0 par rapport à la population totale ; un rapport de M. de La Valette en 1867 porte
cette proportion à 5 0/0 ; d'après un rapport de M. Talon à
l'Assemblée nationale en 1874, il y avait alors en France
1,607,000 chefs de famille dégrevés pour cause de gêne, et
le savant rapporteur pensait que, sur ce nombre, il n'y
avait guère que 1,400,000 indigents réels ; M. Talon estimait
d'autre part que la proportion totale des indigents ne dépas-
sait pas 4 0/0, au moins dans les campagnes. M. Th. Roussel
dans l'exposé des motifs d'un projet de loi déposé par lui
le 8 avril 1870 à la chambre des députés portait cette proportion à 1/12, soit 8,4 0/0. L'enquête faite en 1874 par les

Inspecteurs généraux des établissements de bienfaisance donnait la proportion de 1/13 ou 7,7 0/0.

Des documents officiels plus récents et plus complets que la Commission eut le loisir de consulter (1), lui permirent de constater que, dans l'ensemble des départements où fonctionne la médecine gratuite, la proportion des indigents par rapport à la population totale est de 6,42 0/0, et que la proportion annuelle des indigents malades est de 35,27 0/0. D'autre part, les mêmes renseignements indiquaient que la dépense moyenne annuelle pour chaque indigent malade est de 6 fr. 90. Les sommes payées aux médecins et aux pharmaciens constituant respectivement 55,33 0/0 et 42,07 0/0 de la dépense totale.

Or, le département de Sambre-et-Loire comptant 414,000 habitants, la proportion des indigents devait y être de $414,000/100 \times 6,42 = 26,578.80$ ou en chiffres ronds 26,579. Et la proportion des malades à secourir annuellement se trouvant de 35,27 0/0, on devait considérer qu'on aurait à pourvoir aux soins de $26,579/100 \times 35,27 = 9,374$ et une fraction, ou 9,375 malades. D'autre part, la somme à dépenser pour chaque malade étant supposée de 6 fr.90, la dépense totale à prévoir s'élevait à $9,375 \times 6,00 = 64,687$ fr. 50.

Il fallut donc d'abord se procurer cette somme au moyen des contributions communales. On se plaçait, bien entendu, dans l'hypothèse où toutes les communes sans exception participeraient au service; il serait toujours facile de calculer ce qui serait nécessaire pour une population moindre que celle du département tout entier. C'était une proportion à établir.

Mais comment baser cette contribution ? Fallait-il demander tant par habitant ou tant par indigent inscrit ? Si on s'en tenait à la première hypothèse, n'était-il pas à craindre

(1) Voir les documents si intéressants recueillis pour le Conseil supérieur de l'Assistance publique sous l'inspiration et la direction de M. H. Monod.

que les communes participantes fussent tentées de grossir
la liste qu'elles auraient à dresser de leurs indigents, puisqu'il ne leur en coûterait ni plus ni moins? Dans l'autre
hypothèse il était possible, au contraire, qu'on restreignît
à un chiffre trop faible le nombre des indigents à qui seraient distribués les secours, pour diminuer la contribution
communale? La Commission, sur la proposition de M. Ledoux, décida d'adopter à la fois l'un et l'autre système, la
contribution communale devant être basée sur le chiffre de
la population et sur le nombre des indigents inscrits.

— Si, disait M. Ledoux, on demandait aux communes
5 centimes par habitant et par an, ça serait une première
contribution de 50 francs pour mille habitants; et si on
demandait en même temps un franc pour chaque indigent
inscrit, ça serait, en admettant la proportion de 6,4 indigents pour 100 habitants, une nouvelle somme de 64 francs
pour chaque mille habitants. C'est-à-dire que les communes
ayant à payer 50 + 64 = 114 francs pour 1000 habitants et
11,400 fr. pour 100,000, il en résulterait que, le département
comptant 414,000 habitants, le fonds commun serait au
total de 47,176 francs.

— Ce qui, interrompit M. Ravin, est absolument insuffisant.

— Eh bien, dit M. Ledoux, élevons au double la contribution de la population totale, demandons que cette contribution soit de 10 centimes par personne et nous trouvons
100 francs pour 1000 personnes, plus 64 francs pour les
64 pauvres suivant la proportion de 6,4 0/0 que nous
acceptons comme juste; soit au total 164 francs pour
1000 habitants, et 67,896 francs pour les 414,000 qui forment
la population de Sambre-et-Loire.

Cette proposition rallia presque tous les suffrages. Elle
donnait, sur les prévisions de dépenses calculées antérieu-
rement, un excédent de près de 3000 francs, ce qui était
sage.

M. Nemo prit alors part à la discussion; il exposa que de

son côté il avait songé à la contribution du département et que, après avoir pressenti individuellement la plupart des membres du Conseil général, il était fondé à croire que cette assemblée voterait une somme à peu près égale à la contribution totale des communes. Il n'osait toutefois l'affirmer, mais il voulait se placer un instant dans cette hypothèse.

— Si, disait-il, le département votait une somme égale de 67,896 francs, le service se trouverait doté d'une somme totale de 135,792 francs, c'est-à-dire que d'après les prévisions, il pourrait y avoir un boni de 135,792 — 64,687 fr. 50 = 71,104 fr. 50. Je crois bien, ajoutait le préfet, que je vous proposerai un moyen de l'employer qui pourra vous agréer ; mais je demande que cette question soit réservée provisoirement et que nous soyons fixé d'abord sur le nombre réel de communes et d'habitants qui voudront prendre part au service. Nous devons nous demander si telle ou telle commune ne croira pas devoir rester en dehors de cette organisation.

— Sans doute, dit alors M. Ravin, certaines communes ne feront pas partie du service et les chiffres que nous venons de supposer seront notablement diminués, mais comme ils resteront toujours proportionnels au nombre des habitants souscripteurs et à celui de la population à assister, cela importe peu ; aussi bien me semble-t-il bon de dégager tout de suite un premier point et de dire que ce service ne sera utile que pour les communes rurales non pourvues d'hôpitaux, et que ces communes seules, étant appelées à en profiter, feront partie de l'organisation projetée. Pour les villes pourvues d'hôpitaux, il n'y a rien à faire ; les pauvres y trouvent les soins que leur état réclame et point n'est besoin d'une contribution communale nouvelle.

M. Brasan ne partageait pas cet avis ; il pensait au contraire qu'il était juste que les communes pourvues d'un service hospitalier participent néanmoins à l'organisation de la médecine gratuite et, indépendamment d'arguments de sentiment qu'il mettait en avant, il faisait remarquer que les hôpitaux trouveraient une compensation dans ce fait qu'ils auraient à soigner beaucoup moins de malades provenant des communes rurales qui, en l'absence de se.cours donnés sur place, encombrent les hôpitaux des villes et pour lesquels les communes se refusent, la plupart du temps, à rembourser ensuite les frais de séjour.

— J'estime, réprit à son tour M. Nemo, que les communes pourvues d'hôpitaux trouveraient leur compte à cette participation; le boni de 71,104 francs dont nous constations tout à l'heure l'existence probable pouvant en effet servir à venir en aide *aux communes qui consentiraient à payer, au moins en partie, les frais de séjour de leurs malades dans les hôpitaux*, sans compter qu'une partie pourrait être employée à payer à l'hôpital général de Saint-Harmony, qui songe à construire une nouvelle Maternité, les frais nécessités par l'accouchement des indigentes de tout le département. A supposer que ces frais s'élèvent à 3 francs par jour pendant quinze jours, ça serait une somme de 45 francs par accouchée qu'il faudrait prévoir; et s'il y avait 500 accouchements par an à cette Maternité, — chiffre évidemment exagéré, — on aurait à payer annuellement aux hospices de Saint-Harmony 22,500 francs ; il resterait ainsi, disponible, une somme de 48,604 francs pour subvention aux communes qui voudraient payer le séjour des autres malades dans les hôpitaux.

Cette motion recueillit la majorité des suffrages de la Commission et ce fut sur ces bases qu'on rédigea le règlement du service de la médecine gratuite.

Depuis deux ans déjà toutes les communes sans exception y participent. Il n'en était point ainsi au début; beaucoup de communes n'en voulaient pas supporter les charges et ne bénéficiaient point, par contre, des avantages que cette organisation pouvait offrir et qui étaient devenus plus considérables depuis que le département avait encaissé le legs De Bonement dont nous allons avoir à parler tout à l'heure. Mais, une à une, elles vinrent se faire inscrire dans ce Syndicat charitable et, après en avoir beaucoup médit, elles s'en montrent aujourd'hui très satisfaites. Ce qui prouve que la raison finit toujours par avoir raison. — Je ne sais plus qui a formulé cet aphorisme, mais il en est un autre, très vieux, qui se trouve dans les proverbes de Salomon et qui veut dire la même chose : « Le sentier du juste est comme une lumière brillante qui s'avance et qui croît jusqu'au jour parfait ».

XII

Un résultat inattendu du mouvement qui se produisait en Sambre-et-Loire en faveur des questions d'assistance depuis que M. Nemo administrait le département, fut l'augmentation très notable du nombre et du chiffre des legs et donations aux divers établissements hospitaliers. Cela était imprévu mais non inexplicable ; beaucoup de cœurs charitables avaient tout à coup découvert l'*assistance* qui leur paraissait une nouveauté curieuse et digne d'être encouragée ; beaucoup d'honnêtes gens voyaient là une occasion, à laquelle ils n'avaient point songé d'abord, de faire beaucoup de bien avec peu d'argent et de laisser, pour une faible somme, un renom de vertu très désirable — et ma foi ! très justifié la plupart du temps ; car il y a beaucoup de très braves citoyens dans le département de Sambre-et-Loire, comme partout dans notre France d'ailleurs, qui ont, tout compte fait, plus de grosses qualités que de petits défauts ; mais on s'en aperçoit seulement quand ils sont morts et qu'on ne peut plus louer que leur mémoire.

Nous sommes ainsi faits que nous aimons les justices tardives ; ce sont les plus sûres, dit-on ; et cela ne laisse pas d'être consolant.

En tous cas les bonnes gens qui, dans Sambre-et-Loire,

faisaient leurs largesses aux pauvres, n'y mettaient pas toutes les conditions bizarres ou restrictives dont un legs charitable est si souvent embrouillé et si bien compliqué qu'il vaudrait mieux parfois y renoncer tout de suite.

Tel fonde un hôpital pour y mettre son tombeau au chœur d'une chapelle monumentale dont la construction absorbe d'abord les trois quarts de la donation ; si bien qu'il faut ensuite pourvoir, au moyen des deniers communaux, à des libéralités que le donateur a voulu faire et qui sont faites en son nom, mais aux frais de la commune. Il y a eu des communes entièrement ruinées par l'imprudence qu'elles avaient commise d'accepter un legs important. Tel autre, plein d'intentions excellentes, met tant de conditions, tant de *si*, tant de *mais* dans son style, que son testament devient la source de procès qui ne finissent point, et pour lesquels entreprendre, entretenir, plaider, conclure, il faut faire de bonnes avances en forme de provisions à l'avoué, frais de procédure et justice, honoraires d'avocat ; et s'entendre quelquefois, en fin de compte, condamner à payer les dépens pour tout bénéfice.

Les gens de Saint-Harmony, de Sérullac, de Beauséjour, de Puy-Tépide, de Rouvrebose, et autres villes et bourgs qui sont l'honneur du département, mettaient à faire leurs dons plus de simplicité. Il n'y avait pour les recueillir aucun frais imprévus à faire, et c'est avec une reconnaissance sans mélange que les administrations hospitalières inscrivaient les noms des bienfaiteurs en lettres d'or sur les plaques de marbre au seuil des établissements où les pauvres les lisaient en entrant.

Donc les donations affluaient depuis 1880 ; il semblait qu'obéissant à une suggestion invincible, les écus s'écoulaient des coffres-forts les plus étanches et des mains les plus avaricieuses vers les caisses de l'assistance publique.

C'est ainsi que par la vertu du dit ruisseau métallique furent nettoyées les écuries d'Augias de la plupart des hôpitaux du département. — Sérullac put faire construire un

étage nouveau et des lavabos convenables dans son orphelinat ; l'hôpital-hospice de Rouvrebose fut pourvu d'une
salle d'opérations et d'une salle de consultation nouvelle ;
à Oursignot on installa pour les vieillards un préau couvert
immense, plein de fleurs et d'oiseaux dans des volières,
avec une fontaine et un jet d'eau au milieu ; c'est le plus
beau promenoir que nous ayons vu pour les vieillards d'un
hospice ; les étrangers ne manquent pas de le visiter et
laissent volontiers en partant une offrande dont on fait
profiter les pauvres vieux en leur achetant un peu de tabac
en supplément dans la semaine, et un peu de dessert le
dimanche. A Beauséjour on a pu refaire partout les .plan-
chers et les enduits et on a pu renouveler aussi en grande
partie la literie.

Enfin d'autres travaux sont encore à l'étude et seront
exécutés prochainement grâce à l'attribution qui a été faite
aux établissements d'une part sur le legs de Bonement, un
des plus beaux qui aient été reçus depuis quelques années
par l'assistance publique.

M. de Bonement était une des personnalités les plus
connues et les plus curieuses du département. Tous les
jours, vers midi, qu'il fasse chaud, qu'il fasse froid, il apparaissait sur la promenade des Bastions qui occupe, au
sud de la ville, l'emplacement d'un ancien boulevard et
qui étale en pente douce ses pelouses ensoleillées, ses massifs de fleurs ou de verdure, ses pans de murailles ruinés
que le lierre recouvre et qui forment sur les gazons des
motifs décoratifs d'un heureux effet. Une avenue de tilleuls
longe la partie haute d'où l'on voit une grande étendue de
campagne : monts et vallons, collines et plaines ; un quin-
conce de maronniers est au bas de la promenade, et c'est
le lieu choisi par les mamans pour les ébats de leurs enfants. Les cerceaux roulent dans les allées, les balles et
ballons rebondissent et s'accrochent aux basses branches
des arbres ; au pied des maronniers, avec le gravier et la
terre, on fait des pâtés qu'on aligne ; les cordes à sauter

tournent sans repos; et tout ce microcosme d'enfants s'agite, se démène, joue, respirant le bon air, et s'enivrant de ce puissant tonique qu'on appelle la gaîté. Les mères sont assises par groupes sur des chaises, auprès des nourrices qui allaitent les tout petits sous l'œil des troupiers qui passent deux à deux, désœuvrés, se poussant du coude et souriants, la bouche ouverte, sans rien dire.

M. de Bonement se tenait habituellement dans la partie haute qui était la moins fréquentée, ou s'asseyait sur une chaise à l'écart. Les gens passaient, lui faisaient leur salut, et il y répondait sans regarder : son œil bleu restant fixe, sa figure n'ayant ni un mouvement ni une expression.

M. Nemo dans sa promenade quotidienne rencontrait souvent ce vieillard, très grand, très soigné, presque élégant, dont les cheveux blancs courts et drus faisaient paraître le visage coloré d'une teinte rosée uniforme que le trait blanc, très accentué, d'une forte moustache en brosse coupait en deux transversalement. Il avait bien vite appris que ce solitaire de 80 ans promenait ainsi depuis de longues années de douloureuses rêveries. Le sort avait été dur pour lui ; les siens étaient partis un à un dans la mort : sa femme d'abord, puis ses petits-fils déjà hommes, puis leur mère, et enfin le père, son fils à lui, était devenu fou de tous ces deuils, et maintenant, irrémédiablement dément, il achevait de vivre à l'asile départemental où il occupait un pavillon spécial du pensionnat.

M. de Bonement n'avait l'air ni d'un désespéré ni d'un révolté; il faisait son devoir de vivre et n'avait pas de colère contre les choses. C'était un terrible lecteur de journaux, de revues, de livres nouveaux et anciens, et un promeneur infatigable. Il n'aimait pas à causer et le faisait voir; si bien que très peu de personnes se sentaient le droit de l'interrompre dans ses méditations ou ses promenades. M. Brasan était un des très rares privilégiés que le fantasque vieillard n'accueillait pas d'un froncement de sourcils ; M. Nemo fut peut-être le seul homme auquel on le vit adresser la parole le premier. Il l'aborda un jour sur la promenade et sans préambule lui tint ce [langage : — On m'a dit, M. le préfet, que vous vous intéressez aux choses de l'assistance publique ; or depuis 30 ans je fais partie de la Commission administrative des hospices de Saint-Harmony et depuis 20 ans je ne m'en occupe en aucune manière ; pourtant les préfets qui se succèdent me renomment régulièrement tous les 4 ans ; si vous comptez faire de même, vous ne serez pas encore le réformateur qu'il faudrait à ce pays.

M. Nemo souriant répartit : — Si vous attendiez quelqu'un qui vous demande votre démission, je suis celui-là même sur qui vous comptez.

— Ainsi soit-il, dit M. de Bonement, vous la recevrez dès demain. Et le lendemain il la remit lui-même au préfet.

Ils se retrouvèrent souvent à la promenade et en quelques mois devinrent bons amis ; on disait en ville qu'il fallait que le préfet fût sorcier pour avoir apprivoisé ce vieux solitaire.

En réalité M. Nemo trouvait un charme réel à la conversation du vieillard qui était un fin lettré et un inépuisable érudit ; ce fut pour lui un vif chagrin quand, il y a 5 ans, il vint à mourir subitement. Son fils était mort deux mois avant et il n'avait plus ainsi aucun héritier direct.

Sa fortune était considérable et, depuis vingt années qu'il vivait seul avec un vieux couple de domestiques dévoués et taciturnes comme lui, elle s'était encore accrue notablement. Un testament en bonne forme en réglait l'emploi, et ce fut un sujet qui défraya toutes les conversations quand ce testament fut connu.

M. de Bonement laissait à la ville sa maison, sa bibliothèque et une pièce de pré de trente-cinq hectares d'un seul tenant, joignant la promenade des bastions dont elle n'est séparée que par la route d'Oursignot à Rouvrebose. Il exigeait que le dit pré fut affecté à un champ de jeux et exercices pour les élèves des écoles de la ville. Pour le reste de sa fortune qui était évaluée à plus de cinq millions, il en disposait pour diverses œuvres d'assistance dans le département de Sambre-et-Loire; demandant que l'emploi en fût fait suivant les instructions qu'il développait, et sous la surveillance de M. Brasan qu'il instituait exécuteur testamentaire. Selon ses intentions, un million devait servir à doter le service de la médecine gratuite, et les revenus être ajoutés aux fonds votés par les communes et le département, tant pour perfectionner le service, que pour organiser les accouchements à domicile par des sages-femmes pourvues du brevet de 1ʳᵉ classe; un autre million était réparti entre diverses œuvres privées, telles que celles des sourds-muets et aveugles ; un million devait être distribué aux hôpitaux du département par les soins de M. Brasan en tenant compte à la fois de l'importance de l'établissement et de ses ressources financières ; cinq cent mille francs étaient de plus attribués aux hospices de Saint-Harmony pour aider à la reconstruction de l'Hôtel-Dieu ; et le reste, soit plus de 1.500.000 francs, devait être employé à installer à Puy-Tépide un sanatorium dont le testateur avait réglé minutieusement les détails du fonctionnement.

M. de Bonement avait spécifié que ce qui serait donné aux hôpitaux et hospices devrait être employé à des travaux d'emménagement, d'appropriation ou de perfectionnement qui devraient être approuvés par le préfet, la Commission d'assistance consultée. Et c'est pourquoi on ne trouve plus de salles, dans les hôpitaux du département, qui cubent moins de 40 mètres par malade, c'est pourquoi Beauséjour va avoir un pavillon d'isolement, c'est pourquoi les cellules d'aliénés sont maintenant beaucoup plus humainement installées qu'il y a quelques années où il semblait qu'on en fût resté aux idées et aux pratiques d'avant Pinel en fait de médecine mentale.

L'institution des sourds-muets et celle des aveugles sont

des œuvres privées tenues par des religieuses ; le legs que leur a fait M. de Bonement leur a permis de renouveler leur matériel d'enseignement et d'entretenir un plus grand nombre de malheureux du département, car c'était là une condition formellement inscrite par le testateur.

Les crèches avaient leur part dans la distribution aux œuvres privées ; elles en ont sagement profité pour améliorer leur installation ; quelques-unes sont maintenant très remarquables. La municipalité de Saint-Harmony vient d'ailleurs d'en créer une nouvelle avec une somme de cinquante mille francs que M. de Bonement avait laissée tout exprès à la ville et on a imaginé très heureusement, ayant placé cette crèche à proximité d'une école primaire supérieure de filles, de faire faire le service de la crèche par toutes les élèves de l'école alternativement ; elles apprennent ainsi à soigner les bébés, à les vêtir et dévêtir, baigner et peigner, alimenter comme il convient à leur âge. C'est merveille de voir toutes ces fillettes jouer ainsi sérieusement à la maman ; et les leçons élémentaires que leur fait, deux fois par semaine, le chirurgien-adjoint de la Maternité sur l'hygiène de la première enfance, sont écoutées avec un vif intérêt et retenues : les générations prochaines ne manqueront pas d'en profiter. M. Brasan, qui ne laisse passer aucune occasion de perfectionner les services hospitaliers de Saint-Harmony, a demandé et obtenu que le service de cette crèche soit fait, concurremment, par les filles de l'orphelinat des hospices. Et comme déjà depuis quelques années on enseigne dans cet orphelinat la couture, le repassage, la cuisine ; comme chaque orpheline à son tour est attachée à la basse cour et à la vacherie de l'hospice général, les orphelines de Saint-Harmony sont déjà recherchées pour leur savoir et leur habileté, et c'est devenu un titre honorable que d'être *enfant de l'hospice*.

Quant à l'Hôtel-Dieu de Saint-Harmony, le legs spécial de 500.000 francs a permis, en ajoutant une somme assez ronde prise sur les bonis, de le reconstruire entièrement.

Il était très ancien ; il était même d'un aspect architectural très intéressant et c'était là le malheur ! Car si on comprenait depuis longtemps que ses dispositions intérieures rendaient impossible toute sage mesure d'hygiène hospitalière, on le gardait néanmoins comme un monument digne de respect. Il tombait de vétusté ; il fallait le réparer continuellement et, de temps à autre, refaire à neuf une aile ou un pavillon d'angle ; on démolissait donc ce qui menaçait ruine, puis on reconstruisait du même style à cause de la symétrie. « La symétrie a banni le sublime », disait l'abbé de Bernis ; cela est possible, mais ce qui est certain c'est qu'elle bannit aussi la commodité, et l'Hôtel-Dieu, incessamment reconstruit pierre à pierre, restait un bâtiment absolument impropre à son usage ; les salles y étaient si larges et si longues qu'on y mettait 100 lits sur 4 rangs ; les murailles étaient si épaisses que les fenêtres, haut placées, semblaient des soupiraux de cave. La Commission administrative était l'esclave navrée de ce monument et elle n'osait pas s'échapper de cet esclavage. Pourtant un jour on prit un grand parti ; il y avait une aile à démolir, on décida qu'elle ne serait pas reconstruite mais qu'on commencerait, dans le vaste verger de l'établissement, la reconstruction totale, progressivement faite suivant un plan d'ensemble. Cela fit crier quelques personnes par la ville, surtout quand on vit le premier pavillon de l'hôpital neuf, maçonné de briques et charpenté de fer ; ah ! qu'on était loin de ces murs massifs en pierres blanches de Sérullac qui malheureusement s'offrirent si aisément. De la brique, du fer, pour un Hôtel-Dieu ! Cela se pouvait-il concevoir ? Si au moins, disait l'architecte diocésain, on avait fait les murs en moellon piqué ! Mais de la brique... vous verrez qu'ils feront leur chapelle en fer, comme une halle !

Il y avait déjà 3 pavillons de construits et la vieille bâtisse avait diminué déjà d'un quart lorsque survint le legs de Bonnement. Et maintenant que l'ancienne construction de pierre a disparu, et qu'à la place fleurissent les massifs de lilas et de troëne, on voit, par la grande grille qui borde tout un côté de la vieille rue de la Maladrerie, ces bâtiments de brique rouge, avec des briques émaillées polychromes qui forment la saillie des cordons, corniches et entablements, et les parties apparentes des charpentes de fer peintes à l'huile d'une couleur gris bleu très claire et très gaie. Le bâtiment des services généraux est au centre et un peu en avant ; les pavillons disposés parallèlement à droite et à gauche, ayant leurs faces orientées est et ouest, sont reliés par une galerie couverte soutenue par des poteaux de fer légers et dallée de carreaux céramiques à dessins blancs et bleus. Chaque pavillon a un étage audessus du rez-de-chaussée et seulement une salle de 16 lits par étage, avec réfectoire, salle de bain, lavabos, waterclosets à chasses d'eau et cuvettes siphonnées, vidoir pour le linge sale qu'une trémie conduit au sous-sol dans des wagonnets qui 4 fois par jour le portent à la buanderie. Sans souci de la symétrie on a ajouté à chaque service de chirurgie une salle d'opération, construction légère à rez-de-chaussée, bien éclairée, à la fois par le haut et par trois côtés, avec des parements de plaques de verre à l'intérieur. Une étuve qui ouvre directement sur la rue de l'Hôtel-Dieu sert aussi aux gens de la ville et aux pauvres du bureau de bienfaisance. La Maternité et l'école d'accouchement ont leur sortie particulière sur cette même rue, non loin de l'étuve à désinfection.

L'orphelinat des garçons a été transporté lors de cette reconstruction, de l'Hôtel-Dieu à l'hospice général, l'orphelinat des filles a été installé dans les bâtiments neufs de l'hospice de la Miséricorde.

D'ailleurs, le nombre des lits de l'Hôtel-Dieu a pu être considérablement réduit, grâce à l'organisation du traitement à domicile qui a été réalisé depuis que le bureau de bienfaisance et les hospices de Saint-Harmony n'ont qu'une seule et même Commission administrative.

XIII

Le bureau de bienfaisance et les hospices de Saint-Harmony avaient chacun une Commission administrative, la
loi étant ainsi faite et voulant deux Commissions indépen-
dantes. Cependant, à diverses reprises, les personnes qui
s'intéressaient aux choses de l'Assistance publique avaient
pu constater que c'était là une situation tout à fait regret-
table parce que ces administrations, ayant un fond de clientèle identique, donnaient parfois, chacune de son côté et
pour une même cause, des secours aux mêmes individus.
Il y avait ainsi des doubles emplois onéreux pour le bien
des pauvres. — Le bureau de bienfaisance donnait des
consultations et des médicaments ; l'Hôtel-Dieu faisait de
même ; si bien que le moindre embarras gastrique coûtait
deux prises d'ipéca ou deux doses d'huile de ricin. Le bureau de bienfaisance donnait aux malades quelques menus
secours en argent en même temps que des secours en nature et, comme l'Hôtel-Dieu avait des fonds pour les secours en argent qui provenaient d'un legs spécial, les indigents allaient frapper aux deux portes et recevaient des
deux mains.

Ces abus n'auraient pu exister avec une Commission
unique ; n'était-il pas logique de réunir en une seule les
deux administrations ?

Les gens attardés à la routine alléguaient que les bureaux
de bienfaisance ont à secourir les indigents, et les hôpi-
aux les malades ; mais alors pourquoi le bureau de bienfaisance donnait-il des soins médicaux ? Et pourquoi les
hôpitaux sont-ils autorisés à dépenser une forte part de
leurs revenus en secours à domicile ? Fallait-il nécessaire-
ment une Commission pour les secours à domicile et une
pour les secours à l'hôpital et à l'hospice ? On devait donc,
pour être logique jusqu'à l'absurde, couper en deux la
Commission administrative des hospices de Saint-Harmony

et de beaucoup d'autres villes en France qui donnent des
secours et des soins à domicile ?

Vraiment il n'y avait aucune bonne raison à invoquer
pour le maintien de deux Commissions et les gens qui, à
bout d'arguments, imaginaient de dire que c'était le seul
moyen de faire respecter les donations avec leurs attributions spéciales, disaient proprement une sottise et ne pouvaient ignorer que certaines administrations hospitalières
ont quelquefois à satisfaire aux conditions de plus de cent
legs qui se trouvent avoir 10 ou 12 attributions spéciales,
ayant été faits en faveur de vieillards ou d'infirmes, de
femmes ou d'enfants, d'orphelins, des blessés de l'industrie,
des enfants trouvés, etc. ; pourtant la même Commission
administre tous ces fonds sans virements, sans confusion,
et elle ne croit pas utile de se fractionner en autant de
Commissions distinctes, sous prétexte de respecter les volontés des donateurs, lesquelles ne sont point en péril
d'être violées.

En réalité le bureau de bienfaisance est l'antichambre de
l'hôpital et de l'hospice ; c'est une partie de l'édifice de la
bienfaisance et il est difficile de concevoir pour quels motifs ces parties d'un même tout resteraient séparées.

Il y avait un moyen de les réunir malgré la loi ; il suffi-
sait de convenir que les deux Commissions délibéreraient
ensemble. Cela paraissait simple et c'est ainsi qu'on a fait
dans une grande ville du Nord ; mais si on y avait d'abord
réfléchi on aurait aisément compris que, tout en délibérant
ensemble, les membres de l'une et l'autre Commission
continueraient à rester séparés : ceux-ci représentant
dans la réunion le bureau de bienfaisance et ceux-là les
hospices ; et qu'ils s'efforceraient de résoudre les questions :
ceux-ci en faveur des intérêts du bureau de bienfaisance,
et ceux-là en faveur des intérêts hospitaliers. C'était leur
devoir d'en user ainsi. Et c'était le conflit permanent, le
conflit organisé.

Le système que les membres de la Commission d'assis-

tance de Sambre-et-Loire avaient trouvé institué à Rouen
paraissait bien plus raisonnable : il s'agissait pour l'imiter
de nommer deux Commissions, mais de les composer des
mêmes membres. C'est ce que M. Nemo put faire avec
l'aide du Conseil municipal de Saint-Harmony, et c'est ce
qui fonctionne aujourd'hui, non seulement à Saint-Harmony, mais aussi à Oursignot et à Rouvreboso.

En organisant ce système à Saint-Harmony on voulut co-
pier ce qui se fait à Rouen, non servilement toutefois,
mais avec des modifications qui paraissent être des perfec-
tionnements.

Quoi qu'il en soit, voici comment les choses se passent
depuis cette réunion des deux services : Aucun malade
n'est admis directement à l'hôpital hors les cas d'extrême
urgence ; il doit d'abord ou bien se présenter à l'un des
dispensaires du bureau de bienfaisance, ou prévenir qu'il
est au lit et incapable d'aller à la consultation. Dans le
premier cas le médecin du dispensaire donne la consultation, procède ou fait procéder au pansement, fait délivrer
les médicaments utiles, et décide s'il y a lieu de soigner
le malade au dispensaire, à la consultation duquel il doit se
présenter régulièrement, ou s'il le faut soigner à domicile.
Dans le second cas un médecin du bureau de bienfaisance
visite le malade à domicile et, selon le besoin, ordonne
qu'il continuera à être soigné chez lui ou bien qu'il sera
transporté à l'Hôtel-Dieu. Les raisons de cette décision se
trouvent non seulement dans la nature de la maladie, mais
encore dans l'état de salubrité du logement qui permet ou
empêche le traitement sur place. Les malades sont soignés
à domicile par les médecins du bureau de bienfaisance ; et
l'hôpital, avisé de la situation et trouvant une économie
sérieuse à ne pas recevoir le malade, l'assiste d'un secours
de 1 fr. ou 1 fr. 50 par jour suivant les circonstances. Ce
secours peut être porté à 2 fr. si la famille est très mal-
heureuse.

Par contre, dès qu'il est constaté qu'un malade ne peut

recevoir de soins qu'à l'hôpital, l'admission est prononcée;
et le bureau de bienfaisance reste chargé de pourvoir aux
secours à donner à la famille qui doit être temporairement
assistée si c'est le père ou la mère dont le travail vient
ainsi à manquer tout à coup.

Il résulte de là que le nombre des lits nécessaires aux
soins des malades est aujourd'hui bien moins grand à
l'Hôtel-Dieu, et que les économies qui en sont la consé-
quence ont permis à la Commission hospitalière d'augmenter dans une large proportion les secours en argent.

Pour les vieillards et les infirmes, ils restent à la charge
du budget du bureau de bienfaisance tant qu'ils ne rem-
plissent pas les conditions exigées pour leur admission aux
hospices; et, dès que ces conditions sont remplies, c'est
l'administration des hospices qui s'en occupe et qui, par
les secours qu'elle leur donne, s'efforce de les laisser le
plus longtemps possible au milieu de leur famille. Beaucoup de vieillards restent ainsi auprès de leurs enfants et
touchent un secours journalier de 1 fr. ou 1 fr. 50, un peu
inférieur par conséquent au prix de journée des hospices.
Par là les hospices réalisent une économie, et l'admission
n'est plus prononcée que dans les cas où le vieillard est
tout à fait infirme ou sans famille. Cette combinaison est
d'ailleurs éminemment morale en ce qu'elle ne permet
plus aux enfants de se désintéresser du devoir filial. De
plus, l'assistance d'un vieillard étant moins dispendieuse à
domicile, un plus grand nombre peuvent être assistés et
l'on a pu reculer l'âge effectif de l'admission dans les établissements hospitaliers.

Les hospices de Saint-Harmony ne sont plus si encom-
brés; il est vrai que l'un d'eux a été récemment reconstruit
en dehors de la ville avec une quarantaine de lits en plus.
Ce vieil hospice était précisément au centre des quartiers neufs
où il occupait un très vaste emplacement et où il était une
cause de gêne pour les communications; on a profité du
percement de l'avenue de la gare pour céder à la ville le

terrain de cette avenue qui coupait précisément l'établissement par le milieu et, grâce à la plus-value des terrains
en bordure qui ont été vendus 150 francs le mètre en
moyenne, on a pu reconstruire, à un demi-kilomètre en
dehors de l'agglomération, un vaste établissement à rez-
de-chaussée, bien situé et en bon air, et on a pu même
réserver deux ailes dans les constructions neuves pour
servir de maison de convalescence aux accouchées pauvres
de la Maternité et du bureau de bienfaisance, et aux
malades qui, sortant de l'Hôtel-Dieu, sont encore trop
faibles pour reprendre immédiatement leur travail.

Cet établissement de convalescence est relié par le téléphone — (car on a déjà le téléphone à Saint-Harmony) —
au siège de l'administration centrale du Bureau de bienfaisance qui correspond par le même moyen avec tous les
gros négociants, industriels, entrepreneurs, de la ville et
des faubourgs, et qui peut ainsi faire aisément l'offre de
service des indigents désireux de travailler. C'est devenu
un véritable bureau de placement. Les administrateurs
estiment qu'en agissant comme ils font ils restent dans
leur rôle et que le bureau de bienfaisance doit être la
ressource *essentiellement temporaire* de toutes les misères.
Donner du pain à celui qui en manque, cela est bien ; mais
lui donner le moyen de gagner lui-même ce pain qu'il mange,
cela est mieux. Aussi les inscriptions sur les contrôles de
l'assistance ne sont-elles faites, à St-Harmony, que pour un
temps très court; et l'administration n'a-t-elle qu'un but :
arriver à des radiations très nombreuses, très rapides des
indigents inscrits. C'est pourquoi elle s'efforce de mettre
les pauvres en état de gagner leur vie ; et c'est aussi pourquoi il n'existe pas au chef-lieu de Sambre-et-Loire de ces
indigents qui sont inscrits sur les registres du bureau
depuis plusieurs générations : sorte de rentiers de la misère qui ont plusieurs quartiers d'indigence, comme on a
des quartiers de noblesse, et qui ont perdu toute pudeur
pour demander et toute fierté pour recevoir l'aumône. Ce

qu'on veut faire à Saint-Harmony ce n'est pas la *charité*, c'est l'*assistance*; tout indigent est considéré comme un homme momentanément déchu qu'il faut plaindre, secourir, encourager et relever.

Aussi, dans les bureaux où se fait la distribution du pain, de la viande, du bouillon, du bois, etc., toutes les précautions sont prises pour éviter de froisser l'amour-propre des malheureux; on ne les appelle pas à haute voix à tour de rôle à la distribution, mais, à leur arrivée, ils passent individuellement dans le cabinet d'un employé qui prend leur nom et le porte en regard d'un numéro correspondant à celui d'un jeton qu'il leur remet. C'est par ce numéro d'ordre, qui naturellement change tous les jours, que les indigents sont ensuite appelés à la consultation, à la distribution des vivres ou des médicaments.

C'est à la demande de M. Nemo que cette mesure a été prise non seulement au bureau de bienfaisance, mais aussi au Mont-de-Piété dans les salles d'engagement et de dégagement où, maintenant, jamais un seul nom n'est prononcé tout haut. Ainsi on évite ces blessures faites à l'amour propre, qu'on croit légères et qui sont quelquefois des blessures faites à la conscience elle-même.

Il y avait depuis une cinquantaine d'années à Saint-Harmony une œuvre privée que le bureau de bienfaisance subventionnait et qui rendait quelques services aux pauvres; cette œuvre était celle du *Prêt de linge* et les dames de la ville, les plus riches et les plus bienfaisantes, étaient les patronnesses. Ces œuvres existent d'ailleurs en diverses villes : il s'en trouve une à Riom en Auvergne, il y en a une autre à Amiens que tout le monde connaît sous le nom de *maison Cozette*; ce sont des œuvres bien intentionnées qui croient faire beaucoup de bien. En réalité elles en font un peu; mais elles le font mal, parce qu'elles comprennent leur rôle comme le comprenait l'*œuvre du Prêt de linge* de Saint-Harmony il y a quelques années encore.

Cette œuvre prêtait du linge aux indigents : chemises, draps, serviettes, mouchoirs; et comme on savait trouver là ce dont on avait besoin en fait de lingerie, il en résultait que les pauvres ne songeaient point à mettre de côté dans l'occasion ce qui était nécessaire pour acheter un peu de toile ou de calicot et se confectionner une petite lingerie personnelle. Le prêt du linge tel qu'il se pratiquait était destructif de toute idée de prévoyance ; il y avait des gens qui, nés dans les langes de l'Œuvre, vivaient dans ses chemises et mouraient dans ses draps.

Mme Nemo, qui faisait partie de beaucoup d œuvres privées dans le département qu'administrait son mari, s'était intéressée à celle-là d'une façon particulière et elle songea à chercher un moyen de perfectionner le mode d'assistance qu'on y pratiquait. Les autres dames patron- nesses l'y aidèrent et étudièrent avec elle la question ; chacune apportait ses lumières et aussi un peu celles de son mari, car les bons ménages sont nombreux à Saint- Harmony, et somme toute cette étude aboutit à diverses modifications faites aux règlements de l'œuvre et qui paraissent excellentes.

Actuellement et en vertu desdits règlements toute femme qui vient réclamer le secours de l'œuvre reçoit ce qui lui est nécessaire tant en draps que chemises et ser- viettes, mais elle doit en échange donner une heure de son temps pour le blanchissage et une heure pour la cou- ture par chacune des pièces qui lui est confiée ; on lui demande en outre 5 ou 10 centimes comme prix de loca- tion. Soulement l'argent qu'elle paie ainsi ne profite pas à l'œuvre, il est au contraire porté au compte de l'indigent et s'augmente d'un salaire de 10 centimes donné pour chaque heure de travail; en sorte qu'une pauvresse peu,', à la fin de chaque mois, après avoir été fournie du linge nécessaire, se trouver propriétaire par le fait du salaire qui lui est donné et du prix qu'elle a mis pour la location, d'une pièce de lingerie : chemise ou drap ou serviette qu'elle peut venir indéfiniment blanchir à la buanderie de l'œuvre qui lui fournit pour cela l'eau chaude, le savon, la place dans l'atelier de repassage, et toujours 10 centimes par pièce qu'elle blanchit alors même que cette pièce lui appartient.

Ainsi l'œuvre du Prêt de linge tend incessamment à mettre ceux qu'elle assiste en état de se passer de cette assistance. Ce n'est plus la charité banale et l'aumône dégradante, c'est l'aide efficace, moralisatrice et féconde de l'assistance sagement entendue.

Le bureau de bienfaisance a offert à l'œuvre du Prêt de linge l'hospitalité d'une de ses maisons de secours où se trouve installée la buanderie centrale des établissements hospitaliers. C'est là que les orphelines des hospices apprennent à blanchir, à repasser, plier et raccommoder le linge. Elles y apprennent aussi la bienfaisance; et elles y trouvent cette douceur de faire le bien qui est un si vif plaisir pour la femme et qu'ainsi les dames riches de Saint-Harmony ne sont plus seules à pouvoir goûter.

XIV

La station thermale de Puy-Tépide est bien connue de tous les médecins; c'est là qu'on envoie le client surmené par les fatigues des hivers parisiens et la cliente qui, craignant le hâle de la mer ou lassée de Dieppe, de Trouville, de Cabourg, cherche pourtant un lieu suffisamment fréquenté pour étaler les toilettes élégantes et claires des modes d'été.

D'ailleurs, l'importance de la station est bien justifiée par la richesse des eaux sulfureuses, nombreuses dans toute la région, mais particulièrement abondantes à l'établissement de Puy-Tépide. Et puis il y a, tout auprès, une source arsenicale où l'on va boire en se promenant avant le déjeuner, car elle est distante seulement de 2 ou 300 mè-

tres du kiosque de la musique ; enfin, le bourg de Chalybe,
à 2 kilomètres de là, offre un autre but de promenade,
soit à pied, soit par le tramway, et des eaux ferrugineuses
très appréciées : Chalybe est une sorte de faubourg un peu
écarté de la ville et c'est le séjour favori des personnes ·
tranquilles qui aiment à goûter les plaisirs champêtres,
loin des concerts en plein air, du tir aux pigeons, et des
petits chevaux !

Quand j'aurai dit que le pays est boisé et plein de sites
variés très pittoresques, que les bois y sont ombreux et
tapissés d'une mousse épaisse, douce, silencieuse, tout à
fait au gré des rêveurs et des amoureux, on comprendra
que la station thermale de Puy-Tépide réunit précisément
tout ce qu'il faut pour la joie des thérapeutes et des hôte-
liers.

Il va de soi que cette station est fort ancienne. On vous
dira, si vous y allez, quelle était déjà connue et fréquentée
au temps des Romains. Il est bien vrai qu'en creusant à
une profondeur suffisante, on retrouve quelques débris de
poterie qui ne portent pas tous la marque de Creil ou de
Sarreguemines, et il n'est pas douteux qu'on rencontre parfois des pierres dont l'arrangement pourrait bien n'être pas
tout à fait fortuit et qui, au dire des prospectus, ne sont
rien moins que les vestiges de thermes gigantesques qui
ont dû s'élever là au temps de Julien l'Apostat.

Bien entendu d'ailleurs que, comme toute station qui se
respecte, Puy-Tépide a eu ses baignoires honorées par
d'illustres baigneurs : on cite une reine de France qui y
recouvra en son temps la santé et la force de donner un
dauphin à notre pays , d'autres personnes historiques y ont
séjourné à diverses époques : vous trouverez leurs noms
dans Bœdeker, dans Joanne et dans la plupart des *guides*
bien informés.

Aujourd'hui encore, la liste des baigneurs contient
chaque année les plus grands noms de la finance et de la

politique; et on y voit les plus jolies femmes du monde qui viennent y chercher avec la santé :

Des roses au visage et de la neige au sein
Ce qui n'est défendu par aucun médecin.

A l'exception d'un petit faubourg où les 3,500 autoch-tones se réfugient pendant l'hiver, la ville toute entière est constituée par un casino, avec un groupement d'hôtels luxueux tout autour, au seuil desquels stationnent, au départ et à l'arrivée de chaque train, des omnibus chargés de bagages, et dont les fenêtres du rez-de-chaussée laissent entrevoir les tables blanches, toujours dressées, dans les grandes salles à manger d'où s'échappent, deux fois par jour, des tintements de cristal et des cliquetis de ruolz qu'on entend de loin dans le parc devenu solitaire.

Le reste du jour c'est, sous les arbres et dans les allées, un va et vient perpétuel, un tumulte joyeux, très réjouis-sant. Le matin chacun se hâte vers l'établissement de bains ou vers les buvettes, affairé, pressé de se débarrasser de la corvée du traitement ; dans l'après-midi c'est la mu-sique, — la musique perpétuelle ! — accompagnant les conversations animées, les rires et les gazouillements d'en-fants, les éclats de voix des gens sérieux qui discutent, et les caquetages et commérages élégants, et les marivaudages du *flirt* : un joli bruit multiple, compliqué, une rumeur gaie et incessante, que recueille au passage le ruisseau des Cascatelles qui traverse le parc et qu'il emporte, et qu'il va répéter bien loin dans la vallée à toutes les fleurs des prai-ries, aux vieux saules curieux penchés sur ses rives.

Quand on veut s'éloigner un peu de tout ce bruit et qu'on suit la route qui conduit à Chalybe, on trouve, sur la gauche avant que d'arriver, un long mur effrité, avec par-dessus, un débordement de branches sur le chemin ; puis, tout à coup, une vieille grille ajoure ce mur et derrière on voit s'allonger, entre deux files de hêtres très vieux, une avenue herbue qui conduit à un petit château de la fin du xviiie siècle, dont les gens qui passaient là

Napias.   6

voyaient toujours les fenêtres closes jusqu'à ces dernières années.

C'est cette propriété qui appartenait à M. de l'onement et qu'il a laissée, avec une somme considérable, pour la création d'un sanatorium dont il avait, dans ses instructions écrites, fait pour ainsi dire tout le plan et indiqué le fonctionnement.

On y travaille activement depuis deux années. Il a été possible, derrière le petit château que deux ailes prolongent à droite et à gauche et qui, ainsi aggrandi, logera l'administration et les services généraux, de trouver, sur la grande pelouse qui coupe en deux le parc, un terrain d'assiette presque suffisant pour les constructions nouvelles. C'est à peine s'il a fallu détruire deux hectares de bois pour donner de l'air et rectifier les alignements.

Les constructions sont presque terminées ; les ravalements sont achevés et la plupart des enduits ; la menuiserie est là, prête à être posée ; les peintres viendront ensuite et enfin les habitants.

Rien qu'à regarder la disposition des bâtiments, on comprend que le sanatorium devra contenir trois catégories, distinctes de pensionnaires et que c'est, proprement, trois établissements qui ont une administration commune. En effet, suivant le vœu du testateur, les deux pavillons qu'on trouve à droite et à gauche immédiatement après le bâtiment d'administration, sont réservés aux convalescents, hommes et femmes, que les administrations hospitalières du département voudront y envoyer. — Les deux pavillons qu'on trouve plus loin et qu'une galerie couverte relie à une construction centrale destinée aux bains et douches et à la piscine à eau courante, sont réservés pour les enfants lymphatiques ou scrofuleux qui pourront y être hospitalisés de mai en octobre, pendant toute la durée de la saison. — Enfin, on trouve en arrière plan deux grandes constructions très légères qui ne seront ouvertes qu'en août et septembre et où les enfants affaiblis des écoles de Saint-Harmony et de Sérullac, c'est-à-dire des deux villes

industrielles du département, seront reçus en trois séries
pendant une période de vingt jours chacune.

Ces derniers bâtiments ne comprennent que de vastes
réfectoires au rez-de-chaussée et des dortoirs au premier ;
les fenêtres y sont nombreuses et ouvertes tout le jour,
l'aération permanente est assurée pendant la nuit par deux
grandes baies situées à chaque extrémité et vitrées de
verre perforé. Les enfants des écoles joueront librement
dans la partie du parc qui sera réservée à chaque pavillon,
c'est-à-dire aux filles d'une part, et de l'autre aux garçons ;
on leur fera faire des excursions dans la montagne d'où
ils rapporteront des minerais et des plantes, des insectes
et des coquilles terrestres, dont on gardera des collections
dans une grande pièce vacante au-dessus de la bibliothèque. Un petit laboratoire, tout à côté, permettra même
d'empailler les oiseaux et les petits mammifères. Les enfants créeront ainsi, eux-mêmes, petit à petit, un musée
départemental d'histoire naturelle et, tout en jouant,
apprendront à connaître leur pays beaucoup mieux que la
plupart des autres jeunes citoyens français. Ce sera un
puissant attrait pour les promenades et les excursions dans
la montagne que cette recherche d'échantillons minéraux,
de papillons brillants, de lézards qu'il faudra poursuivre
agilement sur les rochers, de fleurs qu'il faudra cueillir au
sommet du Puy-Tépide et dans les fentes de granit du
Pic-Tout-Nu — Au reste, tout sera ainsi réglé par la volonté du testateur qui a même demandé, si les ressources
le permettent un jour, que le nombre des places, qui est
actuellement fixé pour les enfants des écoles, soit doublé
et que ce soit cette partie de l'établissement qui reçoive
successivement tous les développements nécessaires.

— Il avait bien raison en cela, me disait récemment
M. Nemo qui me faisait visiter les constructions presque
achevées de ce sanatorium, car si on pouvait donner à
cette partie tout le développement qu'elle mérite, nous
n'aurions bientôt plus besoin de celle qui va recevoir les
pauvres petits déformés par la scrofule et qu'on guérira là

certainement, mais au prix souvent de quelles souffances
et avec le souvenir indélébile des plus odieuses cicatrices.
Hélas! ajoutait le préfet avec une certaine tristesse, il y a
encore tant de choses à faire !

— Comment, lui disais-je alors, vous osez vous plaindre !
Mais combien de départements sont pourvus comme le
vôtre ? Combien en est-il qui aient rencontré des administrateurs aussi zélés, aussi ardents à réformer, aussi pas-
sionnés de progrès que celui-ci ? Y a-t-il quelque part des
hôpitaux où les nécessités de l'hygiène soient plus obéies ?
N'avez-vous pas eu ce bonheur de voir les libéralités
affluer dans les coffres de l'assistance, et se trouve-t-il
ailleurs des communes qui ont consenti si libéralement des
sacrifices importants ?

— Eh' non, sans doute, répondait le préfet ; je conviens
que de bonnes choses ont été faites et même je vous dirai
que ce qui a été réalisé dans les services communaux et
départementaux a eu son contre-coup dans les œuvres
privées ; il n'y a plus aujourd'hui un orphelinat qui ne soit
en réalité une école ; j'y ai la main, et l'inspection du travail des enfants veille attentivement à ce que la loi du
19 mai 1874 y soit rigoureusement appliquée; il s'est fondé,
à Beauséjour, un orphelinat de garçons à qui on enseigne
avec succès la culture maraîchère ; les hospices du département envoient depuis déjà deux ans leurs infirmières
faire un stage à l'école d'infirmières de l'Hôtel-Dieu de
Saint-Harmony; les dames de la Vierge des Sept-Douleurs ont demandé à M. Terrail un programme de cours
qu'elle font faire à leur noviciat par l'un des jeunes médecins suppléants de l'hôpital, et j'aime à espérer que
quelques autres congrégations voudront bien les imiter.
Au reste, pour le dire en passant, l'enseignement qu'on
fait aux infirmières à Saint-Harmony est surtout profes-
sionnel, c'est-à-dire essentiellement pratique ; on ne songe
pas à leur donner de vagues notions de physiologie et de
thérapeutique qui ne servent de guère, mais on leur
montre à faire soigneusement l'antisepsie, à préparer les

pièces de pansement qui sont faites ainsi toutes à l'hôpital
même, lequel n'achète plus que les matières premières qui
coûtent bien peu.

Il s'est fondé aussi à Saint-Harmony, continua le préfet,
un comité de secours aux blessés militaires qui est rattaché à la belle association de l'*Union des femmes de
France*; toutes les dames de la ville en font actuellement
partie et toutes les religions comme toutes les opinions s'y
trouvent confondues. Les fondatrices ont compris qu'il y
avait pour les femmes, pour les mères, un devoir patriotique à remplir en préparant, pendant la paix, les moyens
de soigner et d'assister ceux qui défendent le drapeau aux
jours du danger; on est patriote en Sambre-et-Loire et
personne n'y craint le ridicule du chauvinisme. On m'a
appris qu'un comité analogue, rattaché à une autre société
de dames qui poursuit un même but patriotique, va être
créé à Séruliac. C'est fort bien fait et il n'y a rien de plus
fécond que cette concurrence et cette rivalité courtoise
pour les bonnes œuvres. Dailleurs, il n'y a pas à craindre
qu'il se fasse, dans la distribution de secours, des doubles
emplois regrettables, car la plupart de nos sociétés d'assistance se communiquent aujourd'hui les listes de leurs
assistés.

— Voilà, dis-je à mon tour, de nouvelles raisons pour ne
pas concevoir que vous songiez à vous plaindre. Que faut-
il donc pour vous contenter?

— Il faut, me dit alors M. Nemo, tant et tant de choses
que je risquerais de vous importuner si je voulais seulement les énumérer. Mais, tenez, en voici une entre autres:
vous avez visité notre asile d'aliénés; il s'est considérablement amélioré depuis dix ans et, grâce aux libéralités
du Conseil général, il est devenu un établissement modèle.
Le personnel y est à la hauteur de sa tâche, mais je ne
suis pas assuré qu'il en sera toujours ainsi à cause du
mode de recrutement des médecins des asiles. On a, depuis
deux ans, décidé que dans l'avenir les médecins-adjoints
seraient recrutés au concours; mais ce concours se fait par

régions et il peut y avoir trop de candidats ici et trop peu ailleurs ; ne vaudrait-il pas mieux faire un concours unique pour toute la France ? Et non seulement pour les asiles, mais pour les quartiers d'aliénés des hospices que je voudrais voir pourvus de médecins ayant une même origine, un même mode d'avancement, et des droits égaux à ceux des médecins des asiles. On trouverait des candidats, n'en doutez pas, si on voulait augmenter raisonnablement la situation qui est faite aux médecins en chef ; et soyez assuré aussi que les médecins-adjoints y travailleraient s'ils savaient que l'avancement est à ce prix, si le choix primait pour une bonne part l'ancienneté. Ne serait-il pas possible d'exiger que, tous les deux ans au moins, les médecins-adjoints produisissent un travail original qui, examiné à Paris, par un jury compétent de professeurs et de membres de l'Académie de médecine, donnerait droit, à huit ou dix lauréats chaque année, de faire, aux frais de l'Etat, un voyage d'étude à l'étranger ? Il faudrait pour cela un crédit annuel de 10 à 12.000 francs ; une misère, si l'on songe au but à atteindre. D'ailleurs, on ne saurait, à mon sens, trop entreprendre en faveur du personnel qui, à tous les degrés, s'occupe de l'Assistance publique : j'y vois un intérêt scientifique, et j'y vois aussi un intérêt politique. Non que je veuille, de parti pris, mêler la politique à la bienfaisance, mais si on vient à réfléchir qu'il y a en France 17,000 bureaux de bienfaisance, 1,500 hôpitaux ou hospices qui ont chacun sept membres dans leurs commissions administratives ; qu'il y a des commissions départementales et communales pour la protection du premier âge, et des commissions de surveillance pour les asiles d'aliénés, et des médecins d'hôpitaux, et des médecins d'asiles, et des médecins-inspecteurs, et des économes, des commis, des infirmiers, etc, ; on constate qu'il y a là une véritable armée de plus de 200,000 hommes auxquels il serait sage de témoigner quelque intérêt — (je ne parle pas du million et demi de personnes qui profitent des œuvres d'assistance et je m'en tiens à celles qui ont charge d'administrer, surveiller ou soigner). Ne serait-ce pas sage d'avoir dans la main tout ce personnel, de le sentir en communauté d'esprit avec le gouvernement, et de lui prouver qu'on s'intéresse effectivement à l'œuvre sociale qu'il accomplit? C'est pourquoi je voudrais qu'on fût un peu plus large de distinctions honorifiques pour ces gens, ou désintéressés ou mal rétribués, et que, pour ceux qu'on ne pourrait autrement récompenser, on pût avoir une médaille spéciale de l'assistance, analogue à celle des épidémies et se portant comme elle sur la poitrine au moyen d'un ruban aux couleurs nationales. Je voudrais que cette médaille eût du prix pour ceux à qui on la donnerait et pour cela qu'elle se trouvât sur la poitrine d'un grand philantrope comme Théophile Roussel, d'un grand médecin, d'un savant professeur comme il en est d'illustres dans notre pays, et qu'on la vît briller aussi sur la robe de l'infirmière, et sur la veste du plus modeste infirmier. — Je voudrais enfin que le Ministre de l'Intérieur pût disposer de fonds plus considérables pour subventions aux départements qui, trop pauvres pour tout faire par eux-mêmes, se montreraient cependant désireux de perfectionner leurs services d'assistance et de les élever au niveau des progrès scientifiques et des devoirs qu'impose l'humanité! Je voudrais .. mais vous voyez, me dit on me quittant, M. Jacques Nemo, que mes exigences seraient difficiles à satisfaire.

Des personnes à qui je parlais, au retour de mon dernier voyage en Sambre-et-Loire, de ce qui avait été fait dans ce département en faveur des malheureux, ne m'écoutaient pas sans incrédulité; un sourire septique, voire un peu moqueur, se montrait sur leurs lèvres. Les unes convenaient que déjà elles avaient ouï parler de conceptions utopiques analogues, mais croyaient difficilement qu'on eût sérieusement songé à les réaliser; les autres allaient jusqu'à mettre en doute mes connaissances géographiques et montraient ainsi combien, parmi nos concitoyens, malgré les facilités chaque jour plus grandes des voyages, s'obsti- :t à vivre dans l'ombre du clocher natal. C'est en vain que Coock rivalise avec Lubin, c'est en vain que les compagnies des chemins de fer étudient de nouveaux tracés circulaires, quelques gens pensent encore que la civilisation ne s'étend guère au-delà d'Asnières ; et d'autres, plus audacieux, qui vont en Hollande et en Italie visiter des musées, et qui admirent de confiance la cathédrale de Cologne, ne connaissent pas le musée du Louvre et ignorent totalement qu'à Chartres, à Amiens, à Rouen, à deux heures de Paris, on trouve des monuments incomparables qui sont l'honneur de notre pays.

Ces gens-là ne visiteront jamais la cathédrale de Saint-Harmony qui est une des plus belles créations de l'architecture romane, ni aucun des autres monuments du département de Sambre-et-Loire. De là leur incrédulité.

Mais il faudra bien qu'ils se déclarent convaincus quelque jour, car on doit inaugurer prochainement le sanatorium de Puy-Tépide et il leur sera possible de s'y rendre s'ils veulent profiter des billets à prix réduits que les compagnies mettront à leur disposition. D'ailleurs tous journaux ne manqueront pas de parler des grandes réjouissances qui se préparent. Il y aura un concours de pompiers ou reluiront les casques les plus remarquables de France ; il y aura aussi une fête de gymnastique pour laquelle on imagine de nouveaux exercices d'ensemble ; déjà les pavois sont préparés et les illuminations attendent le moment d'éblouir le monde. Déjà plusieurs personnes préparent les discours qu'elles improviseront ce jour-là et le chef de la fanfare de Puy-Tépide a composé, tout exprès, un *pas redoublé* qui fera le désespoir de tous les autres orphéons. On compte sur la présence de deux ministres pour le moins...

Çà sera une belle fête ; — mais la date n'en est pas encore fixée.

Paris. — Typ. A. DAVY, 52, rue Madame.

www.ingramcontent.com/pod-product-compliance
Lightning Source LLC
Chambersburg PA
CBHW052054270326
41931CB00012B/2751